清空氣數錄

紫微楊 著

www.cosmosbooks.com.hk

書　　名　清室氣數錄
作　　者　紫微楊
責任編輯　郭坤輝
美術編輯　楊曉林
出　　版　天地圖書有限公司
香港皇后大道東109-115號
智群商業中心15字樓（總寫字樓）
電話：2528 3671 傳真：2865 2609
香港灣仔莊士敦道30號地庫／1樓（門市部）
電話：2865 0708 傳真：2861 1541
印　　刷　美雅印刷製本有限公司
香港九龍官塘榮業街 6 號海濱工業大廈4字樓A室
電話：2342 0109　傳真：2790 3614
發　　行　香港聯合書刊物流有限公司
香港新界大埔汀麗路36號中華商務印刷大廈3字樓
電話：2150 2100 傳真：2407 3062
出版日期　2019年6月／初版・香港

ISBN ： 978-988-8547-90-6

心古不投塵世好　道高方信布衣尊

紫微楊近照，其身旁之對聯為已故國學大師饒宗頤教授所書贈紫微楊者。

作者簡介

楊君澤先生，人稱「紫微楊」，精通多門中國術數，對「紫微斗數」及風水學均別具心得，「紫微楊」之名早已不脛而走。在香港喜研術數者，幾乎無人不識。

楊君本身為一名報人，曾任本港多間報社編輯（包括《明報》編輯主任），以研究術數為業餘興趣。他退休經已三十年，年近九十耄耋之年，仍閉門沉醉於研究術數為樂事。

紫微楊共有九部著作，其早期的八本已合而成為「紫微楊·術數系列」，極為暢銷。現再在晚年重新修訂他的九本著作，將合而成為新的「紫微楊·術數系列」，由天地圖書重新出版，堪稱難得之作。

自序

自己在少年時代，既喜歡鑽研術數，也喜歡讀歷史，特別是清代野史的傳奇故事。到一九八五年時，忽然興起一個念頭，何不替清朝的十個皇帝算算命！用術數的角度來寫清代的歷史。使愛好術數的讀者對清朝的掌故和氣數有一個概括性的認識。

結果，由那時起，自己開始整理清史的書籍外，再大量搜集清史的資料和野史的故事來閱讀，大概花了一年的時間，資料齊備的時候，剛好《明報》約我寫一個專欄，我就提出了這個題材，獲得接納後就命名為「清室氣數錄」。

由於怕不懂術數的讀者讀來感到枯燥，所以，在內容上採納了相當多野史的資料，以增加其趣味性。

在《明報》連載五個月之後，經增刪潤飾，加上插圖和各皇帝的星盤，結集成書，書名為家兄楊善深所題。

《清室氣數錄》在《明報》連載期間，收過不少讀者的信、書籍和資料，我應該向他們再三致謝。現經修訂，再由天地圖書公司出版，亦當感謝天地圖書出版部編審人員的努力。

紫微楊　謹識

己亥年暮春吉日

目錄

第二章　滿族入主中原的首位皇帝
——六歲登基的順治

第三章　清室走向全盛的時期
——在位六十一年的康熙

第四章　宮廷多故自傷元氣的一代
——不得善終的雍正

第五章　內亂紛起外侮踵至的時期
——國力大衰之嘉慶、道光

第七章　國勢衰敗江河日下的時期
——慈禧擅權下的同治、光緒

引言：百年國運之謎

有清一代，歷時二百六十八年（一六四四年至一九一一年），經歷十個皇帝，是為外族統治中國時間最長的一個皇朝。

以前故老相傳說「外族統治中原，無百年之國運」，可能起因於當日蒙古崛起時勢力之盛，在中國建立皇朝亦不過僅得九十七年的國運（由一二七一年忽必烈定國號為元，至一三六八年為明太祖朱元璋所滅為止）。

所以，清代有二百餘年之歷史，其中就有野史傳說：到清高宗弘曆（乾隆）時，乾隆帝其實為漢人，為當時大臣陳世倌之子。

這段傳說是這樣的，在清聖祖（康熙）年間，當時的胤禛皇子（即日後的清世宗雍正），與浙江海寧陳家十分友好，在康熙五十年（一七一一年），西曆九月廿五日，陰曆八月十三日，是日為秋分後之翌日，兩家同時分別生子與生女。

據說胤禛皇子與熹妃鈕祜祿氏所生者為女，而陳家所生者為子。

當時胤禛皇子即命陳家抱子入宮，陳家依言行事，然經歷一段時間後送回，則陳家的兒子竟變為女兒。

陳家對此事雖甚為震驚，但不敢爭辯，而且極力守秘。而此後陳家亦屢獲殊寵。後來乾隆皇多次南巡，到錢塘觀潮，常到海寧陳家。所以，這項傳說，在清代乾、嘉年間特盛，未必無因也。

這當然是歷史上一項極大的疑案！如果傳說屬實的話，那麼清朝的國祚，到乾隆帝時已潛移了，也應了「外族統治中原無百年國運」之說。

由於不管乾隆帝是否果如傳說是漢人，但清代經歷順治、康熙、雍正之後，至乾隆是由盛極而衰的關鍵時期，所以這個「清室氣數錄」準備由乾隆帝的命譜、紫微斗數，配合皇極經世的易卦說起，上溯順治而下至宣統，再加上正史和野史的故事，作為對清朝氣數的一個探索。

中國的皇帝，除了名字外，有年號和廟號，舉例來說如乾隆皇，乾隆是年號，他的名字是弘曆，廟號是高宗。照說按照傳統，不應稱之為乾隆皇，應該稱他為清高宗才對。只是筆者發現無論中外人士，以普羅大眾來説，似乎對清代各皇帝的廟號，並不如對他們的年號那樣熟悉。如很多人都知道有康熙、雍正，而對清聖祖、清世宗卻又不知所指，這是一個很奇怪的現象。

在本文裏，為了適應普羅大眾的讀者，也隨俗的以年號去稱呼清代各皇帝。依次是順治、康熙、雍正、乾隆、嘉慶、道光、咸豐、同治、光緒、宣統。

在中國歷史裏，有些皇帝曾經改元多次，也就是説有很多個年號。對這些皇帝，若以年號來稱呼他，既屬不當也易混淆。尚幸清代各皇帝都是只有一個年號，所以這方法還行得通。

第一章

清室由盛至衰的關鍵時期

——據云是漢人的乾隆

乾隆命中　四帶桃花

乾隆皇生於一七一一年，即康熙五十年八月十三日子時。陽曆為九月廿五日。

按照子平，他的八字是：辛卯、丁酉、庚午、丙子。

是為火煉秋金的格局，四帶桃花，命理名家徐樂吾先生評他的命造結構妙在子沖午，使午火不剋酉金，酉沖卯，使卯木不助午火，制伏得宜，氣全四正，坎離震兑，氣貫八方，坐下端門，水火既濟，宜其為六十年太平天子，號稱「十全老人」，廿五歲登基，內禪後又四年而終，享壽八十九歲。

若從紫微斗數而論，他的星盤是天相星與祿存星守命，兼有火星。福德宮是紫微星與七殺星，而恩光、天貴、三台、八座、左輔、右弼、龍池、鳳閣等吉星，不是會照到命宮就是福德宮，其貴可知，但此命造也有缺點，決非「十全」。

影響最大是地空、地劫兩星同守福德宮，對「十全老人」無疑起了一個相當大的破壞作用。

乾隆帝之缺點，在命理中可以一一看出來，如地支子午卯酉齊，是為四帶桃花，所以清人所傳清代皇帝之艷史，以乾隆為最多。其次以紫微斗數來說，空劫守福德宮，揮霍奢侈，屢次南巡，勞民傷財，虛耗庫存，吏治民風亦隨而敗壞，有清一代乾隆之後開始衰微，其因在此。

乾隆在位六十年期間，有兩人特別獲得乾隆的恩眷，其一就是大學士和珅，另一則為大學士傅恒之子福康安，才德均不備，但能獲乾隆之殊寵，就有幕後的故事了，也可說是命中四帶桃花之果。

現在先說和珅之得寵，除了清人筆記所載他在一個極偶然的機會，獲乾隆賞識，而從此一帆風順，先被派總管儀仗，隨而獲升侍衛、副都統、侍郎而至軍機大臣上行走，而和珅並無實學，再加上後來的驕橫跋扈，貪贓枉法，天下皆知，獨乾隆仍信任之，可說傳奇。而和珅之被抄家治罪，是在嘉慶四年，其時乾隆已去世了。

但在有關清朝的野史中，有這樣的一段記載：話說在雍正年間時，雍正有一妃子，容貌甚為冶艷，時乾隆才不過十餘歲。有一日，乾隆因事入宮，見妃對鏡理髮，一時好玩，突然從後用雙手掩妃之目，妃子不知與戲者為太子，大驚，持梳向後擊之，擊中乾隆之額角，乾隆逃去。

翌日，乾隆去見皇后，后見其額角有傷痕，問之，但乾隆初時不敢以實對，嚴詰之下，方說出真相。后大怒，懷疑妃子調戲太子，竟然賜妃自盡。

乾隆當時大驚，想為妃子呼冤，但徘徊多次終又不敢，結果返回書齋再三思量，仍想不到任何辦法去營救這位蒙冤的妃子，最後終於給他想到一個不是辦法的辦法……

妃子蒙冤　和珅得寵

乾隆當時想不到任何辦法去營救被賜自盡的妃子，結果以手指染硃砂直奔妃子所居之處，當乾隆到達之時，妃子已上吊，氣亦已絕。乾隆即以指上的硃砂印在妃子的頸項間，作為記號，然後對着氣絕了的妃子屍體說：「這次是我害了你了，如果你魂魄有靈，得到轉世，希望在二十年後，能夠與你相聚，我會好好報答你的。」說完這番話之後，乾隆就離去了。

話說時光荏苒，轉眼間過了數十年，到乾隆中葉時，和珅以滿洲正紅旗人，在鑾儀衛充當校尉，一日，乾隆大駕將出，倉卒間求黃蓋不得，乾隆曰：「是誰之過？」各人瞠目相對，和珅應聲曰：「典守者不得辭其責。」乾隆聞聲細視之，則似曾相識者，但卻無法想起在甚麼地方見過和珅。回宮後，對此事仍念念不忘，一直在追憶由少年至壯年之事，忽然間，他憶起和珅面貌與蒙冤而死之妃子十分相似，因此密令召和珅入宮，令跪近御座，俯視其頸項，竟有一硃砂印記。至此，乾隆便在心中默認和珅為蒙冤妃子之轉世，倍加憐惜。而此後，和珅即扶搖直上，到乾隆四十三年時，竟由尚書授大學士。而其出身，只不過鑾儀衛的校尉而已，亦可謂奇也。

而且和珅之貪贓枉法，據說乾隆並非不知道，但卻沒有加以責難。和珅的黨羽貪污伏法，亦不牽累及和珅，更使人大惑不解。

終乾隆一生，對和珅可說恩寵有加，和珅之父配享太廟，其子豐紳殷德娶和孝公主成為額駙，其弟和琳官至封疆，聲勢之盛，一時無兩，而歷時達二十餘年，實屬罕見。

據說到乾隆將要內禪退居為太上皇時，曾對和珅說：「我與你有宿緣，然後你才可以這樣，但日後之人將不會容你。」說話的語氣直把和珅看作是蒙冤而死的妃子。

而乾隆所料，亦一點不差，在乾隆逝世後僅數天，和珅即被冠以二十條大罪抄家及賜自盡。

五十年前　幻夢疑真

嘉慶四年正月三日，乾隆帝駕崩。

和珅的靠山一倒，隨即為當朝大臣彈劾，即日奪職下獄，至正月十八日賜自盡。據說抄家時，和珅的家財計達八百兆両有奇，可見和珅貪污之烈。當時清室歲入約七千萬両，和珅專權二十年，家財逾清室二十年歲入之半。

所以史家認為清朝之元氣，盡斷喪於和珅之手，並不是誇張之言。

和珅能專權二十餘年，善窺帝意，自在意料中事。但和珅是否知道乾隆心裏把他看作是蒙冤妃子的託世呢？

據說和珅伏法之前，曾在獄中作詩，詩云：「夜色明如許，嗟予困不伸，百年原是夢，卅載枉勞神，室暗難挨暮，牆高不見春，星辰環冷月，纍紲泣孤臣，對景傷前事，懷才誤此身，餘生料無幾，辜負九重仁。」是哀傷入獄之作，並無他意。

但在他自盡之後，據說又在他的身上搜出另一首詩，詩云：「五十年前幻夢真，今朝撒手撇紅塵，他時睢口安瀾日，記取香煙是後身。」則又隱約似乎他是知道乾隆當日寵他的原因。

和珅生於一七五〇年，即乾隆十五年，他死於嘉慶四年，計算起來，和珅死時才不過四十九歲。

那麼，他的絕命詩開頭的一句「五十年前幻夢真」，似乎確有含意在焉。

在命理名家徐樂吾先生所著之《古今名人命鑑》中，亦有和珅的命造，但卻是錯的。他列出和珅的四柱為，庚午、乙酉、庚午、壬午。但當年由白露之後至寒露這段期間，沒有庚午日，可見是錯。當年，七月三十日是庚午日，但未交白露，按理只能算是甲申月生人。

和珅的故事至此告一段落，但乾隆命中之四帶桃花，接着下去還流傳有不少絕不光彩的「風流史」，說他個性風流可以，說他命該如此也可以。

汝子吾兒　自洩醜事

乾隆另一寵信人物福康安，為大學士傅恒之子。相傳是乾隆逼姦傅恒之妻而生。傅恒為滿洲鑲黃旗人，孝賢皇后是其妹，有此親戚關係，因此其妻經常出入宮廷，不料因此而給乾隆看中，產生了一段孽緣。

話說有一日，傅恒之妻入宮，竟為乾隆所乘，威逼利誘之下，乾隆得償大慾。而後來傅恒之妻即告懷孕，不久即誕下福康安。

福康安與和珅同樣是才德俱不備的人，而福康安更為狂妄和驕誇自大，常自比為諸葛亮，而實在差得太遠了。他每次出征，只靠海蘭察策劃及指揮，自己則只是作威作福、貪污勒索、奢侈享受。據說有一次出征廓爾喀，他自己打扮成諸葛亮那樣，羽扇綸巾，結果招致大敗，但乾隆一樣未有深責。換了別人，可能十個頭顱也不夠落地。

而當時社會雖為封閉的社會，但輾轉相傳，不少人都相信福康安實在是乾隆的「兒子」，所以大家都怕福康安幾分。而傅恒綠巾蓋頭之後，他自己是否知道，則不得而知，但他的一家，獲得乾隆的殊寵，卻是千真萬確的事。他一共有四名兒子，其中三人均娶得公主成為駙馬，只有福康安不是娶公主，所以世人更加相信福康安是乾隆逼姦傅恒之妻而生者。

後來傅恒死時，乾隆曾有詩悼之，中有「平生忠勇家聲繼，汝子吾兒定教培」之句，便有不少人附會「汝子吾兒」是乾隆自洩心聲的詩句。

不過話得説回來，乾隆以一國之君，對於這些醜事絕無理由自己去洩漏秘密者。只是乾隆好作詩，生平作詩逾十萬首，但文才不高，他詩句中的「汝子吾兒定教培」，不過是説會把傅恒的兒子看作自己兒子那樣去教育栽培而已！相信絕非解作「你的兒子其實是我的兒子」那樣的。但乾隆這句詩，卻給寫清代野史的人添了「資料」，相信是乾隆始料不及的。

一后墜水　一后剃度

從紫微斗數來看，乾隆皇的夫妻宮是貪狼星與武曲星相守，古書以這兩顆星守夫妻宮，一般都是會見刑尅和感情較難融洽者，除非有吉星解救。

乾隆皇第一個皇后是孝賢皇后，死於乾隆十三年三月，謚號孝賢。對於孝賢皇后之死，乾隆皇做足了表面工夫，既親製輓詩並把皇后遺事撰入碑文，表現得十分情摯和悲慟。

但實際情形如何，野史又有不同的記載，以下是根據野史所說。

乾隆皇的孝賢皇后，就是前文述及的大學士傅恆之妹，相傳傅恆之妻被乾隆逼姦之後，竟然未有對乾隆反感，且暗中有往來，是為由逼姦開始而後期變作通姦，但此事不知如何被皇后知道了，結果經常為此事與乾隆齟齬，有時鬧得十分不開心。

據說有一次乾隆南巡，與皇后同宿舟中，夜後不知如何又因這事吵起來，皇后對乾隆諸多譏諷，使乾隆忍無可忍，竟然逼到皇后墜水。還京後不久就向天下宣告皇后病逝。

當時乾隆年方卅八歲，就刑尅了第一位皇后。

接着不久，乾隆即以烏喇那拉氏為繼后，同樣不滿乾隆的好色，終因被廢抑鬱而死。

據説有一次乾隆南巡，乾隆令小監到民間徵得數十名佳麗到御舟上行樂，並選擇其中特艷者留宿舟中。但此事為繼后知道，翌晨親至帝舟力諫，結果又引起乾隆十分不滿。

此事後來為太后知道，太后並未有責備乾隆，反而説繼后的不是，更命令繼后到濟南清修，而繼后遂剃度於某庵。後來乾隆再把她移居揚州某庵，無形中是被廢了，但並無明詔。而乾隆對這位繼后似乎特別反感，因為繼后於乾隆三十一年去世，只是被草草安葬。

據説當時曾有滿人御史某，疏請乾隆仍以后禮葬繼后，而乾隆竟説：「無髮之人，豈可母儀天下。」完全顯示了乾隆星盤夫妻宮的特徵。

香妃傳說　版本有二

乾隆帝的「風流賬」中，流傳最廣及最多人熟悉的，當是「香妃」的故事。

據正史所載，香妃是以回族貴族女子入宮，清史稿后妃傳中說她是「和卓氏回部台吉札麥女」。她入宮時間是回部遣使要求清廷給予保護之時，計算時間應在乾隆廿一、二年間。香妃初入宮時號為貴人，後封為容嬪，最後封為容妃，死於乾隆五十三年。

她生時經常身穿戎裝，陪伴乾隆出巡及行獵。在清宮中享年甚久，生活寫意。但野史所載，卻是截然兩回事，而且還有兩個版本。

清初，回部領袖之一霍集占，欲謀獨立，乾隆遣兆惠將軍出征。據說當時乾隆早已聽過有人說霍集占的妻子香妃國色天香，且是天生體有異香者，乾隆好色，便暗令兆惠將軍一查究竟。

後來兆惠將軍果然生擒得香妃，送入宮中。但香妃因懷念夫婿，再加上國恨家仇，所以經常身懷利刃，準備報復或自盡。乾隆對她雖然十分寵愛，但她始終不屈。後來太后因怕有香妃在而不利於乾隆，一日，乘乾隆為圜丘大祀而赴齋宮時，召香妃入內賜死。這是有關香妃傳說最流行的一個版本。

但還有一個版本說，霍集占與妻子被擒送京下獄，乾隆知香妃絕色，夤夜令獄吏提出香妃送入宮中，即夜污之。翌日乾隆召見大臣時還說：「霍集占屢抗王師，致勞我兵力，實屬罪大惡極，我已將其婦糟蹋了。」一言罷大笑。後來香妃獲封為妃，誕皇子數人。香妃思鄉，乾隆就為她而在皇城外建回營，一切設備俱依回俗，以慰香妃的鄉思。這是另一個版本的說法。有關香妃的傳說，當以正史較野史可靠。郎世寧曾為香妃繪像，從畫像來看，一點也不美，單眼皮、厚唇，兩眉鬆疏，至於是否有異香則不得而知，但距離國色則遠甚矣。亦貪狼星與武曲星守妻宮所限乎！

帝皇之尊　平康買笑

乾隆的桃花，還有一筆應可一記。

據清代野叟秘記所載：有一次，宮監向乾隆獻策，微服出行取樂，而乾隆亦想效道君皇帝之戀李師師，結果竟接納其議。

時京師有一名妓，名三姑娘者，頗艷，生涯不俗，來往者多為當時顯貴，獨九門提督未獲青睞。

九門提督因此懷恨在心，一日下令驅逐諸妓，要全部出境，違者逮捕治罪。

當時諸樂戶紛紛遠移，獨三姑娘若無其事，未有搬遷。

九門提督知道此事後，責部屬未有盡責，部屬說：「她在等待你去也。」提督大怒，親率緹騎前去捉她，時正夜半，緹騎破門而入，聞三姑娘伴狎客將眠。

提督揮軍欲入內搜索，不料三姑娘這時起來，隔窗從容問曰：「何事如此洶洶？若驚貴人，誰敢擔其罪？」

接着送出一件東西，並說：「有憑信在此，但持去閱之，自能覺悟，幸勿悔孟浪也！」

提督拆閱，發現有一皇帝蓋印，以朱墨書寫之便條，上寫：「爾姑去，明日自有旨！欽此。」

提督至此，方驚覺原來乾隆皇帝在內，乃踉蹌而歸。

這是說乾隆皇帝曾到京師妓女聚居之地買笑，以帝皇之尊，宮中妃嬪無數，竟然到民間去買笑，更進而使妓女知道他是乾隆帝而有所恃，可說放任之極了。

乾隆之命宮，有火星相守，這是說他會有突發性的脾氣。福德宮見空劫，處事有時會十分浮躁，亦好遊樂及沉湎酒色，都對也。

有關乾隆之「艷史」，雖屬野史傳說，但從乾隆的命宮、福德宮及夫妻宮等來看，則又感覺到並非全是空穴來風者也。乾隆帝的斗數，是文曲化科、文昌化忌，到卅六歲至四十五歲時，文昌化忌守事業宮，以後是述說他文昌化忌所產生的故事。

乾隆詩文　考起大儒

乾隆皇生於辛卯年，當是文昌星化忌、文曲星化科了。

文昌星化忌，如果在大限中會照到事業宮時，當然是文竅盡塞了。但文曲星化科又如何解說呢？一般來說，文昌星與文曲星是稍有分別的，文昌星主的是在文學方面，而文曲星則較走偏鋒主的是雜藝方面。

乾隆皇在卅六歲至四十五歲時，適好文昌星化忌守事業宮，這時候在文學方面發展，當然難有成就。

但乾隆帝一生喜歡舞文弄墨，附庸風雅，生平所作詩文甚多，超逾十萬首，總數超過全唐詩的數量，認真算得上是多產了。

儘管乾隆幼年即表現得十分聰敏，據說六歲即能背誦《愛蓮說》，甚得其爺爺康熙讚賞。但他一生所作的詩文，大多是十分晦澀難解者，讀來令人討厭，更欠文采。

有關乾隆帝的詩文如何，金庸在《書劍恩仇錄》的後註中，有十分有趣的描寫。提及舊小說模擬聖製的兩句詩「媳釵俏矣兒廢書，哥罐聞焉嫂棒傷」，實在令人絕倒。

乾隆作詩喜用十分僻的典故，每一詩成，輒令儒臣註釋，但許多時儒臣亦不知所云，便要他們回家涉獵，然多有翻盡萬卷書亦不能解者，可見乾隆詩所用典之僻。

現可舉一例說明乾隆皇詩之難解，話說在乾隆廿一年間，回部進貢了一隻玉碗，乾隆即在碗上題詩一首。詩云：「玉碗來回部，輸誠貢闔閭，召公懷不寶，韓子戒無當，異致白毛鹿，引恬頹尾魴，勞來非力並，天眷奉昭彰。」此玉碗目前仍藏在台北故宮博物院內，但這首御製詩，博物院的人也費了九牛二虎之力，才大約知道它的意思是說甚麼。而一般人必被「考起」，可以無疑。

若問乾隆皇為甚麼所作的詩都是這樣和偏愛這樣，除了說他那時的星盤剛好會照到文昌化忌，命中注定如此之外，也沒有甚麼話好說。

文字獄與　情況慘烈

文昌星與文曲星這兩顆星曜，性質雖甚為相似，兩者均重文才，只是文曲星則較走偏鋒，乾隆的命宮是祿存星與天相星，祿存星守命的人，私心與疑心都較重。天相星是印星，能善能惡，吉凶無定，亦善模仿。乾隆的性格，可說十分吻合。他本人既喜舞文弄墨，對臣民之著述自是十分留意，而疑心又重，動輒認為是有辱清代皇朝之作，吹毛求疵，立下重刑，所以乾隆年代，文字獄甚多，比康熙與雍正期間為烈。其中最為人熟悉的文字獄是徐述夔之案。徐本來是康熙時浙江舉人，乾隆時代他已去世，但因遺著有「清風不識字，何事亂翻書」及「舉杯忽見明天子，且把壺兒拋半邊」的詩句，被人檢舉，說清風是指清朝，忽見明天子，是懷念明朝皇帝，壺兒與胡兒諧音。結果徐述夔父子均被開棺戮屍，其孫坐斬，曾為其作傳之前禮部尚書沈德潛亦被禍及，革去官爵，撤出賢良祠，並再抄查沈德潛之遺稿，終發現他詠黑牡丹詩中有「奪朱非正色，異種也稱王」之句，指為誹謗，乾隆再下令開棺戮其屍。據說理由是明朝的皇帝姓朱，奪朱非正色，就是說滿洲人奪去朱姓的天下也。上述為有清一代乾隆年間最著名的文字獄，字裏行間，還可說作詩的人有所暗喻，但除此之外，還有不少的文字獄，如胡中藻之「一把心腸論濁清」，被指加「濁」字於「清」字之上，方國泰藏有祖詩，以「蒹葭欲白露華清，夢裏哀鴻聽轉明」，因詩中有「清」及「明」兩字，亦告獲罪，可屬無辜。而胡中藻案最為慘烈，胡氏與家屬中十六歲以上的男子全部處斬，並牽連及其師鄂爾泰，其時鄂爾泰已死，被下令搬出賢良祠，而鄂爾泰之侄兒鄂昌則被指與胡中藻唱和，賜自盡。封建皇朝文字獄牽連之廣，令人咋舌。乾隆對文字之吹毛求疵，時人不但未有相濡以沫，而且還有人因一點私怨，即行羅織罪名來告發，人心叵測，使讀者掩卷三嘆。

能善能惡　吉凶無定

乾隆是有清一代入關後的第四代皇帝，上接順治、康熙、雍正。

乾隆個性好大喜功、任性偏愛、揮霍無度，所謂「十全武功」只不過是屢興征伐而已，再加上多次南巡，鋪張豪華，以致庫存漸竭，清朝經過他六十年的統治之後，接着而來國勢日衰，不少讀史之人就認為是他一手做成之惡果。

從他的星盤來説，他完全就是這樣的一個人，但天相星能善能惡，吉凶無定，亦是吻合的。

乾隆初登位之時，曾一度寬大為懷，剔除不少的雜税，為當時人民所雀躍者。

而在雍正期間獲罪之人，不少亦獲得他的特旨寬宥，如雍正之八弟及九弟胤禩與胤禟，是被黜籍異名的，那是説被摒於宗籍之外及勒令改名。據野史説胤禩被改名為「阿其那」，胤禟被改名為「塞思黑」，滿洲語豬、狗的意思。（但另有野史則説胤禟其實早在雍正兄弟鬩牆時已經被殺，另更有人考證過說滿文的塞思黑，意思是「煩厭」而不是豬。）兩人都獲得乾隆赦免。雍正之十弟胤䄉及十四弟胤禵，原拘禁於宗人府的，也獲赦。在雍正四年以試題「維民所止」獲罪的查嗣庭，被遣戍極邊遠地區的兄弟族屬，亦獲赦回原籍。

這是乾隆初登基時顯示自己寬宏大量的手段，但後來他對顧命大臣鄂爾泰與張廷玉的手法，又顯出他的所謂仁厚，有不少是做作而已！

但綜觀整部清代歷史，功臣、顧命大臣不得善終者極多，不單只是乾隆期如此。他的父親雍正帝，連擁立他的年羹堯與隆科多，晚年亦被清算（以後說到雍正命譜時當會論及）。

所謂「共患難易，共富貴難」，正是千古不易之理，除了清朝之外，歷朝之開國功臣，不得善終者極多。亦數也。又或謂開國功臣多在得勢後自恃功高，因此而驕而囂張跋扈，由此而潛伏了殺身之禍。所以，易經乾封三爻之「君子終日乾乾，夕惕若，厲無咎」，是有極深的道理存焉！

《四庫全書》「十全武功」

乾隆皇的星盤，在走到五十六歲至六十五歲的期間，剛好遇到文曲星化為科星守本宮，照計這段期間，他的文才應勝以前，特別是在雜藝方面，應該有名氣才對。

而果然在乾隆卅八年，即乾隆六十三歲時，下令編纂《四庫全書》，而在此之前後期間，亦搜集各方書籍，逐一查校，保存不少古籍。

而《四庫全書》之編成，亦使乾隆在文學方面的聲譽大增，被譽為一代巨製，亦吻合斗數所呈現之現象也。

但乾隆在搜集各方書籍時，亦不少被認為是乖謬悖逆者而被焚燬。據知全國共焚書二十四次，五百三十八種，凡一萬三千八百六十二部。以這種數字來看，焚書亦算十分厲害也。

而《四庫全書》之編成固使乾隆帝在聲譽上大增，但文字獄與焚書卻是他永遠無法抹去的污點。

乾隆皇自己標榜之「十全武功」，則是說平準噶爾為二，定回部為一，大小金川之平定為二，靖台灣為一，降緬甸安南各一，又兩次受廓爾喀降，合之為十。

乾隆帝即位之時，海內承平，民殷物阜，庫存與國賦收入當然極為理想。但乾隆好大喜功，頻年用兵再加上多次的南巡，據計算乾隆間所耗之軍費，約一萬萬両，而南巡共耗去二千餘萬両，使庫存大減，浪費國幣，使有清一代由此開始走向衰微。

又當乾隆年輕時四次的南巡，由於極度鋪張，勞民傷財，都不過是愛慕江南的景色和蘇揚的美女，第五次及第六次的南巡則是只為了修築海寧石塘。所以當乾隆要第五次南巡時，曾有大臣尹會一力諫，但乾隆不聽，反而將尹會一遣戍。天相星能善能惡，到乾隆內禪退位之時，則又覺悟了，他對吳熊光說：「朕臨天下六十年，並無失德，惟六次南巡，勞民傷財，實為作無益害有益，將來皇帝如南巡，而汝不阻止，汝係朕特簡之人，必無以對朕。」又似是另外一個人了。

千叟盛宴　備極鋪張

乾隆於八十五歲時內禪退居為太上皇，傳位於嘉慶。當時乾隆雖然已經年邁，但卻不是真真正正的退位而不理朝政、頤養天年，名義上是內禪為太上皇，而實在大權仍在握，仍然不斷過問軍國大事等。

所以，以當時他的體力，他還可以做幾年皇帝的。只是他在登基之初，曾焚香禱天説，如果能在位六十年，即會內禪，不敢與聖祖康熙之在位六十一年比擬。所謂「不奪先祖之美」是也。

乾隆本人最為崇拜其爺爺康熙皇帝，所以在位期間不少事情都去效法康熙。

康熙曾於熱河承德府之東北建有避暑山莊，乾隆幾乎每隔一年就去一次。康熙曾作南巡及塞外之巡，但都是有作用的，南巡是為了治黃河，塞外之巡則與軍事有關。

而乾隆也南巡，但卻是為了遊樂，而最後兩次南巡，則是為了修築海寧石塘和到錢塘觀潮，又常到海寧陳世倌的家中，所以當時民間盛傳他是為了去探望自己的親生父母。

康熙在六十歲時，為慶祝自己的壽辰，曾經舉行千叟宴，參加者千餘人。乾隆事事效法康熙，連舉行千叟宴也一樣，只是規模比康熙更為宏大。而且舉行多次，一次比一次鋪張豪華。計乾隆五十歲時，參加千叟宴者已達三千餘人，而他在嘉慶元年八十六歲大壽時，就更為鋪張了，當時開千叟宴於皇極殿，歡宴者達五千九百餘人。

當時的規矩是，參加千叟宴者，年齡須在六十歲以上，除皇帝特別恩准參加者外，京官要三品以上才有資格，外吏則只有封疆大臣可以參加。

所以，參加千叟宴是有年齡和官爵雙重限制的，當時不少大臣均以能參加千叟宴為榮，同時為了討好皇帝，也挖空心思去搜求珍奇的禮物來獻給皇上。

福德宮見空劫，喜好揮霍，在乾隆身上又多一例證。

乾隆善射　亦稱勤政

乾隆喜歡作詩，生平作詩達十餘萬首，只是他的詩才不高，亦欠意境，前文已論及。除此之外，他尚喜歡書畫，更喜在古董字畫上題字題詩，並加蓋「乾隆御覽之寶」及「古稀天子之寶」等印章，由於他所題的詩十分庸劣，不少國寶的字畫都給他的詩與字糟蹋了。

他寫字喜歡模仿王羲之、董其昌，他經常臨摹王羲之的「快雪時晴帖」，只是無論他如何苦心去學，也無法得到王、董兩大家的神韻。

他也喜歡寫畫，學倪雲林及惲南田的畫，雖然亦不見如何超卓，但他畫畫的天份似乎比書法好，一些意筆畫還見到有些趣致。

可能正是文昌化忌的影響，他在文才方面始終吃虧，但文曲星化科卻可以使他在雜藝方面較為有成就。

譬加說射箭，乾隆卻是十分了得的，乾隆晚年之畫像，大拇指處仍戴有箭環。

據清朝野史所載，乾隆十分善射，每在夏日引見武官畢，即在宮門外較射，秋天出外行獵亦然。

當時的比試，是以射三次為準，每次射三箭，而乾隆射的命中率都很高，很多時都可以射中圓心，十中七八。可見他在這方面的本領確實不弱。據說他在六十歲之年，有一次偶然在大西門前時，射九箭居然九箭悉數命中紅心。可能乾隆本人在騎射方面十分了得，同時也怕滿人漢化後放棄騎射與滿文。所以，他規定滿人參加科舉考試，要先試滿文及騎射，合格後方准參加考試。

而滿洲的王公文武大臣，每年均要比較騎射，成績差者輒為乾隆斥責。

不管乾隆是否文韜武略俱備，對清室與老百姓的功過如何，但他是一位十分勤政的皇帝卻是真的，據載他在位六十年間，每朝卯刻（即現在早上五時至七時）必已到乾清宮視事，在冬天時天還未亮，尚要燃燭，以勤政來說，他可說做到了。

父為子隱　子為父隱

文昌星化忌在每一個宮度，都有其不同的意義，以乾隆的星盤來說，他的文昌星化忌本來就是落在父母宮的。以後隨着大限的推移而入福德宮、田宅宮、事業宮……至子女宮而終結。文昌星化為忌星纏在父母宮又應作何解釋呢？一般來説它有兩種看法：（一）與父母的意見無法溝通；（二）會合天機星與煞星則主早歲即與父母分離。

若以紫微斗數來説乾隆皇是陳世倌之子，原為漢人之説則是大有可能的。而深研「皇極經世」的中國已故術數名家馬翰如先生，在他所著的《易元會運》一書中，亦認為乾隆極可能是漢人。因為乾隆初登位時之值卦為乾之姤卦初六爻，乾本卦之初爻為「潛龍勿用」，是為「龍德而隱」，「父為子隱，子為父隱」。

相傳乾隆南巡至浙江杭州時，皇太后囑乾隆至海寧見陳閣老（世倌）夫婦，一番熱鬧，乾隆的樣貌與陳世倌的樣貌很相似，陳老太太也顯得驚疑。據説乾隆心中是明白的，酒闌席散，便與陳閣老夫婦到園中散步，乾隆諭陳閣老夫婦不必拘禮，並在安瀾園居住數天然後回京。馬翰如先生就認為這是切合卦象所顯示的「龍德而隱」及「父為子隱，子為父隱」。

而乾隆又為陳家書寫了「安瀾園」、「春暉堂」的橫額，更增加人的附會，所以在清朝的乾隆及嘉慶年間，民間盛傳海寧陳家出了一位皇帝。

雖然有歷史學家作過考據，認為乾隆皇帝是海寧陳家的後裔之說是不可靠，但封建時代之宮闈秘事，能流傳得如此之廣，看來又未必是無因者。

術數之論據雖然不及歷史學家考據的科學化，但無論如何也可以作為對這項千秋疑案的一項參考。

乾隆皇死於嘉慶四年正月初三日，享年八十九歲，死後葬在裕陵，諡號法王隆運至誠先覺體元立極敷文奮武孝慈神聖純皇帝，廟號高宗。

蓋棺定論　有褒有貶

總結乾隆皇的一生，論福氣，他當然是一位極有福氣之人，生在太平盛世帝皇之家，順利登極而無奪嫡之爭，廿五歲登基，在位六十年，內禪為太上皇後又三年而終，享壽八十九歲，自詡為「十全老人」。

乾隆皇並非沒有兄弟所以才沒有奪嫡之爭，他之能順利登極，主要原因是他在幼年時已獲得他的爺爺康熙十分寵愛，康熙很早便認為乾隆是有福之人，而他的父親雍正即位後，即預立他為皇太子，將他的名字密封於匣，藏在乾清宮「正大光明」匾額的後面，又書密旨藏於內府，使他將來能順利的登上皇帝的寶座。而康熙認為他的孫子乾隆是有福的人，清史稿高宗本紀篇有這樣的一段記載：

「木蘭秋獮（註一），命侍衛引射熊，甫上馬，熊突起，上控轡自若，聖祖御槍殪熊，入武帳，顧語溫惠皇太妃曰，是命貴重，福將過予。」這段的記載是說乾隆童年時，康熙曾帶同乾隆到木蘭圍場打獵，康熙遠遠看到有一隻熊，命侍衛先開槍把熊打倒，然後叫乾隆去看看熊是否已死，不料乾隆剛上馬想去看時，熊即站起來，然乾隆當時控轡自若，康熙見狀再發一槍，終把熊擊斃。回帳後對妃嬪曰，此孫兒福氣強過我，如果他去到熊的面前熊才站起，他就可能有難了。據說由此時起，康熙對乾隆即愛護有加，而更有人說雍正之能繼承大統，完全因為其子乾隆深獲康熙鍾愛的緣故。可見乾隆之有福，是康熙也深信的。至於乾隆一生的功過，有人認為他的「十全武功」是浪費民脂民膏的窮兵黷武的行為，亦有認為乾隆的武功，在開疆拓土方面，超過漢唐盛世，增廣疆域，是為「豐功偉績」。而清史稿對乾隆之蓋棺定論是：「高宗運際郅隆，勵精圖治，開疆拓宇，四征不庭，揆文奮武，於斯為盛，享祚之久，同符聖祖，而壽考則逾之，自三代以後，未嘗有也。惟耄期倦勤，蔽於權倖，上累日月之明，為之嘆息焉。」

註一：
滿洲人有獵鹿的絕技，稱為「哨鹿」，就是以哨聲仿效鹿鳴以引來雄鹿的一種獵法，秋獮木蘭或木蘭秋獮的「木蘭」是滿語的音譯，即「哨鹿」的意思，使用日廣後，凡是哨鹿的哨子、哨鹿時打的圍、熱河的圍場，都叫做「木蘭」。

第二章

滿族入主中原的首位皇帝

——六歲登基的順治

君命天授　偏多神話

順治是清室入主中原的第一個皇帝。説到順治，似乎應簡單的説一下清朝建國的歷史。

清朝在未入關之前，清太祖愛新覺羅努爾哈赤已在關外戰無不勝，統一女真諸部。在明萬曆四十四年（一六一六年）建元天命，初稱後金，至一六三六年由其子皇太極改國號為清。

努爾哈赤死於一六二六年，享壽六十八歲，由他的第八子皇太極繼位，是為清太宗。隨後皇太極亦於一六四三年去世，享年五十二歲，傳位於第三子福臨，即順治，是為清世祖。當時順治只有六歲。

中國歷代的開國君主，多有一段神化的傳説，以表示自己是天命所授。

努爾哈赤亦不例外，這個神話式的傳説是這樣的：話説長白山之東有布庫里山，其下有池，相傳曾有三個仙女浴於池中，年紀最輕的一個仙女名字叫佛庫倫。當其浴於池中時，有神雀銜朱果，放入她的衣服內。佛庫倫後來吃了仙果，接着便有孕，不久產下一男，一出生便會說話，體貌奇異。及長，佛庫倫對他說：「你姓愛新覺羅，天生你出來平定亂國的。」語畢，佛庫倫即升天而去。後來她留下的兒子果真平定了三姓之亂，大家奉他為貝勒(註二)，居長白山之東，號其部族為滿洲，滿洲即這樣開始。

這當然是滿洲人誇耀愛新覺羅努爾哈赤為神的後裔的神話，自不足信。

而順治雖非開國之君，但卻是滿族入主中原的第一個皇帝，所以清史稿對他的誕生，也有一段十分神奇的描寫。

據《清史稿，世祖本紀》所載順治出生時的情形：「母孝莊文皇后妊娠之時，紅光繞身，盤旋如龍形，生順治的前夕，皇后夢見神人抱子送入懷中，並說，這是統一天下之主也。醒來以後以此事告太宗，太宗喜甚曰，奇祥也，生子必建大業。翌日，順治誕生，宮中滿是紅光，香氣經日不散。」

這當然是因順治入主中原，要人相信他是天命所授的又一項神話。

註二：貝勒是滿文的音譯，意思是「王爺」，貝勒的夫人叫做「福晉」，意思是「她」，也叫做「娘娘」。

順治童年　入主中原

順治生於一六三八年（明思宗崇禎十一年，清太宗崇德三年），正月三十日戌時（陽曆為三月十五日），已過驚蟄，故子平命理作二月生人算，他的八字就是：戊寅、乙卯、甲午、甲戌。

研究命理者評他的八字為：地支寅午戌合成火局，是為食神生財，年月分別為祿刃，身旺能任，且年上戊土引通木火之氣，清純可貴。六歲在丙運中，木火精英吐秀，登基為皇帝，至戊運廿五歲敝屣尊榮。

至於以紫微斗數來論，他是太陽在辰宮守命，天機星化忌守福德，表裏不如一，外表爽朗而內則憂慮重重，紫微星與破軍星同守田宅宮，終告敝屣尊榮，到五台山出家，是命之巧合歟？

順治的一生，頓多傳奇性的故事。

據說，清代中葉時，滿洲人最怕漢人問他們三件事，列為禁忌：（一）先皇葬何墳？（二）太后何時婚？（三）皇姑嫁何人？而前兩件事直接與順治有關，第三件事則發生在康熙身上，但亦連繫及順治。以後當然會一一提及，現在先說一下順治登基的經過。

皇太極死時才五十二歲，並無遺命，當時皇太極之弟多爾袞，身擁重兵，具有極大之勢力，本擬自立為皇，但為皇太極手下之將領反對。據說有將領說：「吾等食於帝，衣於帝，養育之恩，同於天大，若不立帝之子，則寧從帝於地下。」

多爾袞本是足智多謀的人，見情勢如此，諸將領誓要擁立皇太極之後裔，知道不可強行，且皇太極的長子豪格亦知難而退，便乘勢擁立順治，以順治當時只有六歲，對孤兒寡婦，操縱自然較為容易。而自己身為攝政王，大權仍然在握也。

到多爾袞入關，擊走李自成，乘勢進入北京，佔據了明宮殿，便遷入迎接順治到北京，正式入主中原，成為有清一代入主中原的第一個皇帝。

清初皇室　亂倫事件

滿洲人本來就是關外民族，風俗習慣既與中原不同，倫常關係亦不若漢人之重視。如兄長身故，妻子為弟弟接收，變成弟娶其嫂者常有，這種兄終弟及的情況，滿洲人視作等閒，但漢人則認為是醜事。與姑媽伯母等發生關係，漢人視作亂倫，而滿洲人亦不當作是一回事。

但滿洲人入主中原後，經過一段時間漸漸接受漢人文化之後，就知道上述的情況實在是醜事，於是就盡量把過去曾發生的事掩蓋，至於皇室中曾發生的事，則因為已經流傳了出來，而寫野史的人早已把它看作是珍貴的資料，所以，要遮掩也遮掩不來了。在說順治亂倫之前，先說一下清室入主中原之前一些有乖中國倫常關係之事。如，努爾哈赤的第五子莽古爾泰死，其妻則分給其姪豪格，是為伯母嫁給姪兒；努爾哈赤之第十子德格類死，其妻給其弟阿濟格，是為長嫂嫁給小叔；多爾袞謀害死豪格後奪取其妃，也即奪取了順治的親嫂，而多爾袞為叔父輩，變成叔父娶姪婦……等等，可見滿清人在入主中原之前，他們的倫常觀念如何了！而前文所提到的「太后何時婚?」與「皇姑嫁何人?」卻屬於清室入主中原後的亂倫事件。

多爾袞為皇太極之弟,在擁立姪兒順治為帝之後,兵權與實權均在握,雖號稱攝政王,但以入關之功大,聲望極高,當時據說內外上下,只知有多爾袞而不知有順治,且順治當時亦年幼。而多爾袞出入宮禁,有時甚至宿於宮內,與嫂姪同處,有如一家人焉。時太后博爾濟古特氏仍在盛年,獨居寡歡,對多爾袞功高而擁有實權和兵權,本可自立為帝,但卻仍立順治,於是對多爾袞漸生好感,尋而叔嫂私通。

多爾袞與太后私通後,更虧他想到要正式迎娶太后而成為皇父,經過他的一番思慮,終於給他想到一個「名正言順」迎娶太后的辦法。

太后再嫁　叔嫂通婚

多爾袞大權集於一身，謀娶太后，便與開國功臣之一的范文程計議。

范文程為瀋陽人，於努爾哈赤時代即已投効清室，努爾哈赤與皇太極都十分器重他。後來吳三桂乞師，贊成多爾袞進兵的是他，入京後建議為崇禎發喪以收拾人心及免去明朝之苛捐雜稅者也是他，清朝的開國制度，不少是由他所定者。

兩人經過密議後，先由范文程倡言於朝曰：「攝政王多爾袞功高望重，而謙抑自持，皇上雖欲報答之，但如何去報答呢？雖然，攝政王多爾袞是皇上的叔父，但今日之事，猶似父傳其子也，王既以子視皇上，則皇上亦當以父視攝政王，可乎？」衆曰：「可。」

范文程便繼續說：「攝政王既新喪偶，而皇太后又寡居無偶，皇上既視攝政王如父親，今不可使父母異居，應請攝政王與皇太后同宮。」衆又議曰：「可。」

於是皇太后下嫁攝政王，群臣上賀表，當時又有恩詔謄黃，宣示天下曰：「太后盛年寡居，春花秋月，悄然不怡。朕貴為天子，以天下養，乃獨能養口體，而不能養志，使聖母以喪偶之故，日在愁煩抑鬱之中，其何以教天下之孝。皇叔攝政王現方鰥居，其身份容貌，皆為中國第一人。太后頗願紆尊下嫁，朕仰體慈懷，敬遵謹行，一應典禮，着所司預辦。」

以嫂嫁叔，不以為嫌，已不合禮法，更由皇帝宣示天下，把母親嫁出，漢人看來，是古今少有之滑稽戲，中國有史以來所未有也。

順治三年之後，群臣上奏，皆稱攝政王多爾袞為皇父，攝政王與皇上字並列，當時順治的諭旨亦稱多爾袞為皇父攝政王。

張煌言蒼水詩集滿洲宮詞：「上壽稱為合巹樽，慈寧宮裏爛盈門，春宮昨進新儀注，大禮恭逢太后婚。」即詠此事

此何事也　彰其醜乎？

對於太后下嫁多爾袞成為叔嫂通婚之事，及接着而來將會談到的順治兄妹通婚，及順治的最後出家，都為近代研究歷史者所否定，認為傳世的資料文獻等都不能證明有此等事。

但有一點我們似乎要知道的是，滿洲人在入關前和入主中原初期，他們的風俗習慣，實不能以漢人的倫常關係去看的，他們有他們自己的一套禮法。

但在入主中原之後，漸漸接受漢人的文化和進而與漢人同化，他們才知道在「禮義之邦」來說是醜事，於是便多方設法毀滅過去這些醜事的證據。乾隆皇曾經焚書廿四次，難保不曾焚去有關這方面的資料。而且以封建皇朝的權威，再製造或杜撰一些與事實相反的資料，應該是毫無困難的！所以，正史所載是否就是最正確的資料，便有人認為有所存疑了。

當然歷史學家的考據，真實程度會較高，所搜集的資料也會較多和較廣，但世人還是喜歡讀野史，就因為野史更具趣味性和戲劇性。而有關太后下嫁攝政王多爾袞之事，野史確實是記載得十分有層次的。前文所提到的恩詔，向天下宣示太后下嫁攝政王多爾袞者，據說到乾隆年間時，大臣紀曉嵐（《四庫全書》總纂之一）曾見該詔文，對乾隆皇曰：「以為此何事也，乃可傳示來茲，以彰其醜乎？」遂請乾隆削之，以後便少人知道這事。

編《四庫全書》時，乾隆曾焚去不少認為是悖逆的書籍，如果發現有這類資料，當然亦會焚去，只是漏網之魚總會是有的。據說一直到乾隆去世後百年，到宣統年間內閣清理舊牘，贛縣陳仲騫得順治時殿試策，頌聖處亦有皇父攝政王與皇上並列抬寫。

多爾袞死於順治七年十二月，喪儀悉從帝制，更被尊為成宗義皇帝。但到順治八年二月，即為順治清算，撤去廟享，太后出居睿親王府，當時順治已經親政，但不過仍是十四歲的小童而已。

太后陵墓　亦有傳說

太后在多爾袞死後，出居睿親王府，直至康熙廿六年去世。

太后死後，並沒有與皇太極合葬在一起，因為太后已經改嫁了給多爾袞，而多爾袞死後又被清算奪爵，撤去廟享，更無理由與多爾袞合葬，結果太后就被獨葬在昭西陵。

這本來是極為合理的，但據說後來清室因為知道叔嫂通婚是醜事，除了想盡方法去掩飾及抹去此事留下的證據外，更怕太后獨葬昭西陵而啓人疑竇，因此便特別為太后之獨葬在昭西陵而定下一套規例，作為解釋太后為甚麼不與皇太極合葬，以消除民間猜疑。這個規例是這樣的，而且以後亦一直奉行下去，就是凡是皇后死時，皇帝已死去多年的，例不合葬，理由是地宮已閉，不宜再開啓云，而且還有一個不成為理由的理由為「卑不動尊」。

太后死於康熙廿六年，但到雍正三年才下葬，由死亡而到下葬相距時間達卅八年之久。據傳說當時就因為無法決定應如何安葬太后及應該葬在甚麼地方而花了不少時間去研究。

清室入關後，歷代的帝皇都是分別葬在東陵和西陵，東陵位於河北遵化縣西北七十里的昌瑞山，西陵則位於河北易州西邊三十里的永寧山，前者由順治選定，而後者則由雍正選定。

而太后所葬的昭西陵雖有一個「西」字，但卻不是在西陵，而是在東陵的最下方，與順治的孝陵、康熙的景陵、乾隆的裕陵、咸豐的定陵、同治的惠陵和各后妃的陵墓都距離甚遠，好像是孤孤單單的獨處一隅。

於是又有民間傳說，太后之特別葬在一隅，是因為太后曾經改嫁，與後輩在地下相見也會覺得尷尬，所以特別安葬她在一處距離其他陵墓較遠的地方。民間的傳說，每每煞有介事或者添枝添葉，這一切，當然是正史不載的了。

而「太后何時婚？」這句說法，隨後就成為滿洲人禁忌的說話了！

淑善難期　順治廢后

順治的夫妻宮，天盤是天同星與天梁星守，是頗為感性的，很多時會離婚及再娶相貌美麗之女子。大限順行，夫妻宮移至武曲星與七殺星相守時，夫妻關係極為惡劣，可至離異，到大限再推移至太陽守夫妻宮時，又愛得十分熱烈。完全吻合順治的夫妻情況也。

順治六歲登基，到順治八年親政時，他才不過是十四歲。就在他還是十四歲的小童時，已經冊立了皇后，也就是說他十四歲即已結婚了。

至於順治的第一位皇后是何許人，歷史就有不同的記載。

一說順治的第一位皇后是多爾袞之女，多爾袞乃順治的叔父，那麼說來就是堂兄妹通婚。

另一說則說順治的第一位皇后是科爾沁部親王吳克善之女。

但不管她是多爾袞之女還是吳克善之女，這頭親事卻是多爾袞為他訂的。可見多爾袞之視順治如子。

但這段婚姻順治一直都不滿意，據說順治在稍有知識之後，恥多爾袞之所為，在清算多爾袞之後，更遷怒到由多爾袞代他選擇的配偶。

結果，這段婚姻維持了不足三年，到順治十年八月廿五日，即諭禮部：「今后乃睿王（按即多爾袞）於朕幼沖時因親定婚，未經選擇，自冊立之始，即與朕意志不協，宮闈參商，已歷三載，事上御下，淑善難期，不足仰承宗廟之重，謹奏聞皇太后，降為靜妃，改居側宮。」當時雖有大臣諫阻，但順治仍一意孤行，終於廢了他的第一位皇后。

從這段詔文可以看到：第一，順治的第一位皇后的確是由多爾袞為他選擇；第二，由始至終意見都不合，所謂「冊立之始，即意志不協」也；第三「宮闈參商，已歷三載」，實在是隱說謫入冷宮已有三年，那是說由結合之日起即已把她打入冷宮。這時順治的星盤剛好是武曲星與七殺星同守夫妻宮，有這現象，與星象符合也！

詔文掩飾　兄妹通婚

現在再回頭研究一下順治是否兄妹通婚？他的第一位皇后是否真的是多爾袞之女？

在清初時，朝鮮與清廷的關係十分密切，所以許多有關清朝的史實，不少人都去翻看《朝鮮實錄》，作為考證的資料。當日順治廢后的詔文，《清實錄》所記的與《朝鮮實錄》所記的，第一句就有出入，但全文其他句子則完全相同。《清實錄》所記的詔文第一句是「今后乃睿王於朕幼沖時因親定婚」。

而《朝鮮實錄》所記的詔文的第一句是「今后乃墨勒根王之女」，清楚説明是多爾袞之女。

按墨勒根王即多爾袞，這是他征伐察哈爾之役有功而由皇太極給他的賜號，清宮文書中亦有稱多爾袞為墨勒根王者。

至於同是一個詔文，為甚麼《清實錄》所記的與《朝鮮實錄》所記的不同呢？

一般人都相信《清實錄》所記的第一句是經過更改的，因為《朝鮮實錄》絕無理由去杜撰一句「今后乃墨勒根王之女」。而且，《朝鮮實錄》一直被人認為是研究清史的一本可靠的書。至於《清實錄》又為甚麼要把第一句改為「今后乃睿王於朕幼沖時因親定婚」呢？

據說這是由於清朝入主中原一個時期之後，接受了漢人的文化，知道兄妹通婚實在是亂倫之事，是倫常關係中的醜事，為了毀滅順治兄妹通婚的證據，便把當日順治廢后詔文的第一句「今后乃墨勒根王之女」改為「今后乃睿王於朕幼沖時因親定婚」，使以後讀史的人無法一下子就知道順治的第一位皇后原來就是順治的堂妹，把兄妹通婚的事巧妙地掩飾過去。

以上的論斷雖然出於臆測，但並非全無可能之事，最低限度有《朝鮮實錄》的記載作為參考。雖然不能說《朝鮮實錄》的記錄肯定是百分之一百的正確，但最低限度找不到《朝鮮實錄》要更改詔文第一句的理由。

順治的夫妻宮，接着進入太陽相守，情況便與武曲、七殺相守大異其趣了。

江南名妓　入宮得寵

太陽守夫妻宮，有愛得熾烈之說，而順治在廢后之後不久，夫妻宮便是太陽相守。

這時順治後宮佳麗中，最愛貴妃董鄂氏。據說順治在得到董妃之前，已經斲喪過甚，時妃嬪已有十餘人。到順治十三年，順治當時只有十九歲，為了淫樂，已需借助喇嘛僧所配之藥物。到他得到董妃之後，愛之彌深，為了得到性的歡樂，與喇嘛僧的關係更為密切。

董妃長得十分艷麗，只是紅顏命短，到順治十七年八月即告病逝，由她入宮起至去世僅有四年的時間。

董妃去世時，順治十分哀慟，曾為之輟朝五日，那就是說五日之內未有視事，鬱鬱不歡，隨後不久置諭禮部云：「奉聖母皇太后懿旨，皇貴妃佐理內政有年，淑德彰聞，宮闈式化，倏爾薨逝，予心深為痛悼，宜追封為皇后，以示褒崇，朕仰承茲諭，特用追封，加之諡號，諡曰孝獻莊和至德宣仁溫惠端敬皇后，其應行典禮，爾部詳察速議具奏。」這是說要追封董妃為皇后。

順治在廢第一位皇后時，曾用「淑善難期」之句，現在追封董妃，即稱之為「淑德彰聞」，對兩人之感情，可說是天淵之別也。

當時不少人對順治之追封董妃甚表驚訝，蓋董妃只為一貴妃而已，竟能得寵如此之深，死後更被追封為皇后。結果有人傳出，董妃其實為江南名妓董小宛，後來為冒辟疆所得。明末被擄入宮，賜姓董鄂氏及冊立為貴妃。據說冒辟疆知道董小宛被擄入宮後，深恐惹禍，遂託言董小宛已死，且著有《影梅庵憶語》以紀念董小宛，是深怕有人知道董妃原來就是他的愛妾，風聲稍一洩露，即可能死無葬身之地。本來這事是可以給他瞞過去的，但吳梅村有兩首題董小宛的詩卻洩露了秘密，其一為：「江城細雨碧桃村，寒食東風杜宇魂，欲弔薛濤憐夢斷，墓門深更阻侯門。」

看破紅塵　順治情癡

由吳梅村之題董小宛詩，詩中有「墓門深更阻侯門」之句，不少人便認定董小宛其實是未死的，是被擄了入宮而已，因為如果董小宛真的如冒辟疆所說是死了，那麼侯門作何解，豈有說人家愛妾之墓深阻侯門之理。

而吳梅村題董小宛的另一首詩：「珍珠十斛買琵琶，金谷堂深夜絳紗，掌上珊瑚憐不得，卻教移作上陽花。」就被人認為其意思更為明顯，暗示董小宛是入宮去了。

順治與董小宛這段清初深宮中的愛情故事，隨着後來小說家的渲染及編成戲劇，變成家傳戶曉了。

但另有一說則是董鄂妃並非董小宛，她其實是順治的弟婦，順治的胞弟襄親王娶大臣鄂碩之女董氏為妃，但卻為順治看中了，竟然暗中往還，此事後來為襄親王知道，責備董氏，董氏向順治投訴，而順治竟藉故掌摑襄親王，襄親王因而抑憤而死，死時為順治十三年七月。

襄親王死後不到一個月，順治即立董氏為貴妃，從此後宮專寵。

此段奪取弟婦的畸形愛情，只得四年的光景，董妃於順治十七年去世，死後被追諡為孝獻皇后。

對於董妃的身世，有以上兩種不同的說法，而後者則更經過研究清史者考證認為較為可靠。

但不管董妃是順治的弟婦還是董小宛，順治愛之彌深卻是真的。

而此段愛情故事纏綿悱惻之處，在於董妃去世之後，順治追憶與董妃之情，竟至不思飲食，抑鬱不樂數月，最後竟然看破紅塵，敝屣尊榮，放棄帝位，遁入五台山削髮為僧。而此時為順治十八年正月，時順治只有廿五歲而已。

據說順治出家時，太后曾經力加阻止，但終無法使順治回心轉意，結果便偽言順治因患痘病不治逝世，以大喪告天下。

順治死後　葬於何墳

順治一朝僅得十八年，順治六歲登基，至出家時僅為虛齡廿五歲，照說是在盛年之期，而遽爾看破紅塵，入五台山清涼寺為僧，亦數歟！

是時順治的星盤，剛好是走入天機星化為忌星守宮，內憂重重，心神不屬，而終於有了消極的想法，便決心削髮為僧。而清室三大禁忌之一的「先皇葬何墳？」便是說順治的了！

順治本來有陵墓在東陵，其中稱為孝陵的就是安葬順治的，由於順治出家之故，便很多人認為孝陵其實只是順治的衣冠塚，而實在他死於何時，葬在甚麼地方，便成疑問，所以才有「先皇葬何墳？」之問。

本來，日後安葬有多個清代皇帝和后妃的東陵，是由順治選定的，而他後來卻被人懷疑並非真的葬在那裏，亦奇也。

而順治之選取東陵作為清代皇室日後之墓地，也是有一段故事的。

話說在順治年間，順治有一次到河北遵化縣西北七十里的豐台嶺狩獵，見該處風景實在優美，「前有金星峰，左有鮎魚池、馬蘭峪，右有寬佃谷、黃花山及鳳台，二水分流夾繞，俱匯於龍虎谷」，順治雖然不一定識得風水之學，但認為那裏確實是「乾坤聚秀之所，陰陽和會之地」，騎在馬上流連忘返，盛讚此地「王氣葱鬱」，認為該處可作為清室的陵墓區，以後的子孫便可得百代不衰的基業。但當時他並沒有邀風水師來替他斟測地勢，只是在鞍上取出一個韘，信手淩空擲出，並對身旁的群臣說，「韘落在哪兒，就在那兒建造我的壽宮」，而順治就是這樣選擇了自己的陵墓所在地。而豐台嶺日後改稱為昌瑞山，清代日後有多個皇帝和后妃葬在該處，而這個清室的陵墓區就稱為東陵。順治的陵寢稱為孝陵，於康熙二年建造完成，照說無可懷疑順治就亦在那個時候下葬，但由於盛傳順治其實未死，只是出家為僧，所以，就有人認為那個孝陵不過是衣冠塚而已！

洪奸承疇　叛明降清

順治帝由於天盤是太陽守命，且在廟宮，所以，他雖然只做了十八年皇帝即告遜位，而且登基時還在童年，到敝屣尊榮時也不過年僅廿四，但史書對他的評價卻是相當不錯的，認為在鞏固有清一代日後的根基，他是有一定的功勞和貢獻。

順治本身既聰明而又肯經常檢討自己，這是他成功的地方之一，再得力於不少滿漢大臣的匡輔，而結果雖在幼齡登基，十四歲親政，卻能做到剿平流寇，覆滅南明，為清室奠立二百餘年之基業。論者認為清室之入關，定鼎中原，功勞最大者滿人則為多爾袞，而漢人方面則為洪承疇。

而吳三桂雖然引清兵入關，但清廷一直對他投鼠忌器，後來吳三桂果然反叛，故功不與焉！

洪承疇本來是明朝的名將，為薊遼總督，後來被俘降清。他之降清，正史與野史都有不同的記載：

據正史所載是，洪承疇松山之役兵敗被擄，罵不絕口，皇太極派人勸他無效，結果親自到牢獄中見洪承疇，解下自己身上的貂裘給洪承疇，並和顏對他說：「先生是否覺得冷？」洪承疇躊躇良久，終嘆曰：「真命世主也。」即叩頭請降，隨着皇太極對他賞賜無算，結果引起好幾位將領不悅，竟有人說：「承疇不過是一羈囚而已，為甚麼要這樣厚待他？」

皇太極於是對各將領解釋說：「我們櫛風沐雨，目的是甚麼？」衆將領答道：「想得到中原也！」皇太極笑道：「我們對中原情況，並不熟悉，有似是瞎子，現在得到嚮導，應該好好利用他。」

衆人便對皇太極心悅誠服，佩服他的見解和所為，便不敢再說甚麼。

以後在清兵入關及定鼎中原時，洪承疇果然為清朝出了不少的力量。從歷史眼光來看，對明朝他是叛逆之臣，但對清室卻是忠心不貳之臣。但怎樣也洗脫不了漢奸的罪名，亦命之所定歟！

迷於美色　名節掃地

據清史通俗演義，對洪承疇的降清，又有不同的看法。是洪承疇的迷於女色而投降的。勸服洪承疇的，不是皇太極，而是順治之母太后之功。

據清史通俗演義所載，洪承疇人本剛直，只是有好色的毛病，被清兵擒獲時，囚於宮室之後，初時並不肯屈服，且立意待死。

不料一夜，室門暗啓，閃身進來了一名美艷的女子，走近洪承疇身旁。洪承疇當時立即感到一陣陣的香氣襲人，待定眼一看，見入來的女子，人間絕色，髻雲高擁，鬟鳳低垂，面如出水芙蓉，腰似迎風楊柳，纖纖玉手捧着一個玉壺，輕輕的在洪承疇面前叫出「將軍」二字。洪承疇欲答不可，不答又不忍，也輕輕的應了一聲。

接着這位女子問長道短，先問了洪承疇的被擄經過，隨後又問到洪承疇家裏的情形，知他上有老母，下有妻妾子女，便作出十分同情洪承疇之狀，然後倒酒與洪承疇對飲。

漸漸，兩人熟絡了，這位女子便對洪承疇直言自己是清朝皇帝的妃子。經過一番的勸降功夫，甚麼「於國無益，於家有害」，結果真的打動了洪承疇降清的念頭。

這女子不是別人，原來就是順治的母親太后，皇太極的寵妃。

隨後皇太極親到洪承疇室中受降，以參贊軍機大臣起用，並賜美女十人，剛好投其所好，使他更為感激而順服了。

洪承疇生於一五九三年，明神宗萬曆廿一年九月廿二日戌時，陽曆為十月十六日，根據子平命理，他的八字是癸巳、壬戌、癸酉、壬戌。論者評他的八字為：癸酉坐印自旺、月令財庫，氣貫生時，正官秉令，財生官旺格局也。運入南方，少年科第，得中進士，廿餘年功名富貴，職至總督，位尊權重。年至五十進入辰運，兵敗降清。甘作二臣，再入東方木火旺地，封侯拜相，但因食神生財壞印，名節掃地！

千秋功罪　留後人評

若以紫微斗數來論，洪承疇的星盤是天梁星守命，天梁星本來是屬於清廉官吏的星曜，最怕會遇財星，遇到財星必招人物議、批評和責難。理由是清官不宜財多，財多則必被疑為貪污得來，是故必然招來物議。

而洪承疇的星盤就剛好是天梁星與財星（祿存星）同宮，所以野史中雖有同情他的遭遇，甚至有人認為他之降清，實在是暗中幫助漢人，同時對明室尚有餘情，但無論如何，漢奸之名就是洗不脫。

更有論者認為洪承疇設法使滿漢分居，盡量使滿人得到各種優遇，近於由漢人去養滿人，使滿人漸漸不懂營生計之策，漢人則安於農工商賈之業，雖出租稅去養滿人，但可免受滿人之擾，直至滿人仰恃漢人和失去戰鬥能力，是洪承疇早已定下之伏線云。

又說明永曆帝在清兵入雲南時，逃走入緬甸，洪承疇只主張留大臣駐守雲南，不再入緬進剿，兵部一再促他進兵，但他就千方百計拖延，是對明室仍有情云。

對於上述的野史意見，筆者非常懷疑是洪承疇當日示意一些人去寫下來的。因為，在中國歷史上，每次外族入侵，在大時代的轉變中，都一定出現漢奸的人物，而這些漢奸，都有一定的「藉口」和「自圓其說」。

近如日本之侵略中國，在全國人民奮起抗敵，全民族在同仇敵愾之中時，仍一樣有漢奸的出現。

這些人為甚麼都不覺得「於心有愧」？那完全是因為他們替自己製造了「藉口」和太懂得「自圓其說」。

如汪精衛的組織偽政權，幾乎說到自己是拯萬民於水火，免致生靈塗炭，何嘗有愧於自己的所作所為是出賣國家民族？不少的漢奸，到死之日仍然十分執着，說甚麼「千秋功罪，留與後人評」，似乎他們是十分冤枉，後人必會替他昭雪似的。性格之足以影響命運，此又一證明也。

揚州十日　嘉定三屠

清兵入關擊走流寇李自成，順治在北京稱帝時，明朝其實還有半壁江山。崇禎帝雖已自縊於煤山，但明朝的舊臣與忠於明室的將領，在南方擁立明神宗之孫福王為帝，改元為弘光，繼續與清廷對抗。隨後接着還有隆武帝、紹武帝、永曆帝等，雖然也曾因擁立問題上發生過爭執，但終順治一朝，都能對清室做到一定程度上的騷擾。直至康熙二十年，鄭成功之孫鄭克塽在台灣投降，清廷才算真正消滅了所有主要的抗清力量。

由順治元年（一六四四）至順治十年（一六五三），根據皇極經世是值卦大過之困卦六三爻，爻辭為「困於石，據於蒺藜，入於其宮，不見其妻，凶。」而大過卦本卦九三爻辭為「棟橈，凶」，樑毀屋塌之象，清楚的説明了當時中國人民會經歷一場很大之苦難和劫數。

而在那段時間最慘的兩處地方，就是揚州和嘉定，史書所載之「揚州十日，嘉定三屠」，就是指這兩役。

揚州當日是由被譽為明代第一忠臣的史可法據守，當時為順治二年，清兵由努爾哈赤之第十五子多鐸，也就是順治的胞叔率領進攻揚州，連戰七晝夜，清兵傷亡無數，仍無法破城。多鐸命以大炮攻城，破城之西北角，清兵湧入，但史可法督師城上，士氣極盛，箭如雨下，清兵死亡甚衆，屍積如山，其後清兵利用屍體掩護伏行而進，勢如衆蟻螻集，終於攻下揚州，史可法被執，多鐸雖曾極力勸降，但史可法認為「身為天朝重臣，豈可苟且偷生，作萬世罪人，頭可斷，身不可屈。」結果被殺。

多鐸殺史可法後，更憤於揚州軍民的劇烈抵抗，以致清兵死傷慘重，便慘無人道的下令屠城十日，人民被殺者不計其數，血流成河，屍體山積。

據當日焚屍簿冊所記，在該十日之內，死者達八十餘萬人，而且還未計算被擄與跳井投河及各式各樣的自殺者在內。

上國衣冠　淪於夷狄

至於「嘉定三屠」的嘉定，就是江蘇的嘉定縣。

當清兵佔奪得黃河及長江流域大部份的地方後，即下令要漢人薙髮易服，從此「上國衣冠，淪於夷狄」。

當日之薙髮令執行得甚嚴，有「留髮不留頭，留頭不留髮」之語，也就是說不服從薙髮者，便殺無赦。清兵軍隊中，有隨軍的薙髮匠，擔着薙髮的用具來往路上，見束髮者即強行拘之薙頭，若加反抗，即殺其頭而掛於擔竿之上，使人民畏而遵命。

清兵在佔駐嘉定時，同樣逼人民薙髮，但嘉定人民群起反對，城東與城南千餘人首先起義，在城西與清兵作戰，並焚燬清兵船隻，清兵一度不敵敗走。嘉定人民知清兵必定捲土重來，便築起各種防禦工事準備與清兵作戰。

果然，不旋踵，清兵增援後直攻嘉定。雙方戰於城外，傷亡慘重，嘉定義軍不敵，退守城內，到第十四天，因連日大雨，城牆為雨所毀，清兵從破口衝入，嘉定遂落入清兵之手。當時率領人民作戰者紛紛自殺，而清兵亦憤於嘉定人民之頑抗，入城後見人則殺，據說殺了二萬餘人。

清軍於大肆殺戮後，即撤兵而去。當時有義士朱瑛憤清兵之殘殺，又召集各人重據嘉定城，與清軍對抗，於是清軍又對嘉定作第二次進攻，城破之後，又再進行第二次的屠殺。

但事隔不到一個月，嘉定城中僥倖生還者尚未喘定氣之時，明將吳之蕃起兵江東，率兵反攻嘉定，但又為清軍所敗，清軍為洩憤，又對嘉定作第三次的大屠殺。此即歷史上所稱之「嘉定三屠」。而此後長江流域一帶，雖仍有義軍之抗清，但因勢孤力寡，都一一接着的壯烈犧牲，而清兵每攻一地，遇到頑抗及傷亡慘重者，入城後即行屠城。有江陰城被屠殺至僅餘五十三人者。正應了「困於石，據於蒺藜，入其宮不見其妻，凶」及「棟橈，凶」的卦象。

反清復明　秘密結社

清初漢人之抗清，應有不少可歌可泣的故事，只是有清一代國祚達二百餘年，其中不少漢人反清的史實資料，日後便被官方洗抹，而留下來的只是散見於一些清人的筆記、野史及雜書之中。滿清入關後，明之降臣降將雖然甚多，但亦有不少人不甘於異族之統治，拋頭顱灑熱血的反抗清朝者。在主要的軍事力量被消滅之後，接着就有反清之秘密結社。

有謂清兵在清初掃蕩各反清軍事力量時，過於殘暴，如「揚州十日、嘉定三屠」等，所以後來雖然免稅等市恩之政較歷朝為多，但仍未能使漢人心悅誠服。而不少明朝之遺民義士，仍然奔走呼號，號召民衆反清復明，秘密結社。如嘉慶初，白蓮教起事於北方，蔓延五省，擾攘九年，而南方則有「天地會」之成立。

相傳清初最早的反清組織為「洪門」，以明太祖朱元璋年號「洪武」的「洪」字作為反清標誌，後來因為被緝邏得太緊，便改名為「天地會」，取「父天母地」的意思。又因「洪」

一字為三點旁，其後又有「三點會」之名，其後再演變為「三合會」等。

「三點會」與「三合會」流行於廣東、廣西、江西等各省，而湖南一帶則仍稱「天地會」，在長江流域不少地方則稱「洪幫」，後來為了避免官方注意，便改稱「紅幫」，又另有支派「青幫」。這些反清的秘密結社地下組織，雖然未能對清朝造成甚麼大的打擊，但一定程度的騷擾卻是有的。順治一朝僅得十八年，便傳位於其年僅八歲的第三子玄燁（即康熙），命大臣索尼、蘇克薩哈、遏必隆、鰲拜四人共同輔政。順治死時才廿四歲（一說到五台山出家）遺詔以十四罪自責，可見他是肯檢討自己的人。

而順治對清室最大之貢獻，即在遺詔之內說明宦官之為禍，要後代不可信任宦官，不可蹈明朝亡國之覆轍。而有清一代，無宦官太監等之為禍，史家便認為功歸順治了。

第三章

清室走向全盛的時期

——在位六十一年的康熙

康熙登基　年僅八歲

康熙是清室入主中原後的第二個皇帝，生於順治十一年（一六五四），三月十八日巳時，陽曆五月四日，是日適為立夏前一天。

他的四柱八字為：甲午、戊辰、戊申、丁巳。命理名家徐樂吾先生評他的八字為：源遠流長之造，為富貴壽考之徵，以木為源，木火土金，生生不息，己申合化，申辰暗拱，循環相生，周流不滯，運程五行無不相宜，一歲起運，八歲登基，在位六十一年，壽屆七旬，終於亥運。

徐樂吾先生並認為此類八字，最易忽略，粗視之似無可取，若以身強煞旺日祿歸時格論，福澤無如是之厚也。但若以紫微斗數而論，天同星於亥宮守命，天同星本來就是福星，不遇四煞，自然福厚，事業宮天機星與巨門星同守，多學多能。天喜、紅鸞、咸池、天姚、文昌、文曲會同時照到夫妻宮，妻妾眾多而美，而夫妻宮同時為身宮，雨露均沾。所以他是有清一代皇帝之中，子女最多的一個皇帝，共有三十五名兒子，二十名女兒，合共五十五人，認真是「多產」也。與日後之同治、光緒相比，兩代皇室未聞嬰兒啼哭，霄壤之別也。同時他也是清朝歷代皇帝中，在位時間最長的一個皇帝，計達六十一年。

在史書中，康熙是獲得相當好評的一個皇帝，更有認為他是歷史中少有的賢君之一，清室能有二百餘年之國祚，他有最大的功勞，為清室入主中原後之真正奠基者，鞏固了清朝的統治力量。

他八歲登基，由索尼、蘇克薩哈、遏必隆、鰲拜四人輔政。至康熙六年七月親政，也才不過是十四歲而已。

由於他是天機星守事業宮，所以十分好學，琴棋書畫，樣樣皆能，而且對數學亦甚感興趣，那時西洋之代數、幾何學等初傳入中國，而康熙亦已通曉。但那時的代數並不是稱為代數，稱為「阿爾熱八達」，英文 ALGEBRA 之譯音也。

康熙皇姑　下嫁何人

康熙的星盤，夫妻宮見紅鸞、天喜、天姚、咸池、文昌、文曲等星，本來應以風流而論，但終康熙一生，並無甚麼風流艷史傳出，野史亦無記載，道理在哪裏呢？這是紫微斗數微妙之處，而且也是常被人疏忽的。

最重要的一點是康熙的命宮，有天刑星相守，天刑星本來是剋星，但守命宮就變成是一個自律性頗強的人，而更重要的一點是「身宮」落於「夫妻宮」，在普通人來說，身宮在夫妻宮者，多數比較愛護妻子，而康熙身為皇帝，妃嬪眾多，他能雨露均沾，其理在此，亦因此而致子女眾多，計達五十五人。

話雖如此，但康熙在「婚姻」上仍有一則怪事，且日後被列為禁忌說話之一的，就是「皇姑嫁何人？」了。

康熙登基時，距滿清入關只有十八年，那時一切習俗仍多沿滿洲舊制，倫常觀念亦與漢人有別，所以才有兄妹通婚、弟娶其嫂等。

而康熙則納了自己的姑媽為妃嬪，在漢人眼光來看，就更是奇事了。

這事的始末是這樣的，話說皇太極有一幼女，即順治之妹也，亦即康熙的姑媽。在順治到五台山出家而遜位之時，尚未嫁人，到康熙登基多年，一直留她在宮中，不為遣嫁。大臣中有請康熙把她嫁出去的，不料康熙卻說：「為甚麼要把她嫁出去，我已把她納為妃嬪了。」當時的大臣曰：「王化所基，故倫常不可亂，今宮主對皇上來說是父輩行，所以不能取同姓之姑為妃。」但康熙卻辯說：「不對，同姓不婚是指對自己之母親、姊妹及自己所生的子女而言，而姑者，既非我母，又非我女，抑更非我同生之姊妹，雖納之為妃嬪，又有甚麼不妥？」其後雖再有大臣力諫，但康熙就是不聽，這就是納姑為妃的故事。直到日後，滿洲人明白了漢人的倫常觀念，「皇姑嫁何人？」便與「先皇葬何墳？」「太后何時婚？」同時成為禁忌的說話。

安排圈套　計除鰲拜

康熙的事業宮是天機星，福德宮是太陰星，所以，他是一個頗為機智而有心計的人。

康熙登基時，只有八歲，由大臣索尼、蘇克薩哈、遏必隆、鰲拜四人同輔政。依順治遺詔，四人本來無輕重彼此之分，但鰲拜性躁急，喜獨斷獨行，輔政之後，意氣風發，組織朋黨弄權。

他們四人以索尼資望最高，但索尼早死，在康熙六年已經逝世，蘇克薩哈又為鰲拜妄誣以罪，結果冤死，而遏必隆則依附鰲拜，結果鰲拜便更飛揚跋扈，結黨擅權，舞弊營私，無惡不作。

時康熙雖然已經親政，但鰲拜完全不把他放在眼內，欺他年幼無知。

到康熙八年五月，康熙當時已親政兩年了，眼看鰲拜專權擅殺，日益猖獗，若不早日除之，必有後患。

而康熙之除鰲拜，就充份顯現了他的機智和心計。

據說康熙當時每日均選一些年輕有力之小內監，在宮內作相角鬥力為戲，鰲拜很多時入內奏事，見此情景，只認為康熙年輕好玩而已，沒有發現其中實在有計。

一日，時機成熟，剛好鰲拜又入內奏事，康熙便命各小內監合力擒之，然後下詔數其罪，到此時，鰲拜始知康熙之每日選小內監角力為戲，實在是早已佈置好了圈套擒拿他的。

原因是當日鰲拜已遍植朋黨，勢力甚大，若康熙不是用這個方法捉他，下令外廷拿問的話，必然會激生事端或者節外生枝，但現在用這個方法捉他，則屬神不知鬼不覺，而甚至鰲拜自己也不知道皇上已在佈置圈套捉他。當時的康熙才不過是十六歲而已，已能有這樣深藏不露的計謀，可見他實在工心計也。鰲拜被捕後，審問後罪狀達三十條，遏必隆依附他，也獲罪十二條，本來均應革職處絞，但康熙念他們是顧命大臣，判鰲拜禁錮終身，遏必隆則削去太師之位而已。

三藩之亂　歷時八年

康熙親政消除了鰲拜之後，不夠五年，三藩之亂又起，此時康熙亦只不過是廿一歲，大限在武曲星化科，事業宮是紫微相會破軍在天羅地網宮，所以雖有一番風波，但卻使康熙在史書上的名氣更高。三藩之亂由康熙十三年起至康熙二十年止，歷時凡八年之久始告平息。當時之三藩為雲南之平西王吳三桂、廣東之平南王尚可喜、福建之靖南王耿繼茂。

後耿繼茂病死，由其子耿精忠襲封，而尚可喜亦年老多病，一切事務多由其子尚之信處理。三藩之中以吳三桂最強，曾擊敗流寇、平定川陝及入滇入緬擒殺永曆帝。三藩之吳三桂、尚可喜與耿繼茂的父親耿仲明等，都是明朝的降將，被認為是民族罪人者。而吳三桂最為人所不齒。

當日李自成率流寇攻入北京時，吳三桂本為明朝之寧遠總兵，在崇禎帝自殺後，李自成拘禁了吳三桂的父親吳襄，要他作書向吳三桂招降，時吳三桂已有降意。後來探子來報說他的愛妾陳圓圓為李自成奪去，吳三桂立即盛怒，拔出腰間佩劍，砍去身後桌子一角，誓言與李自成不兩立。後人認為他在危難之間，置君父於不顧，「衝冠一怒為紅顏」，把心一橫，即行引清兵入關，是為民族的第一罪人。陳圓圓本來為南京名妓，為田妃之父所得，曾擬送給崇幀帝，但崇禎不納，後來吳三桂在田家宴會上得見陳圓圓，神為之奪，便要田把陳圓圓送給他。此後吳三桂對陳圓圓便寵愛有加。據說後來吳三桂雖然重新得回陳圓圓，但陳圓圓以自己已為賊所污，無顏再侍奉三桂，結果在雲南某庵出家為尼。到吳三桂自封為大元帥起兵反清時，陳圓圓尚在庵堂焚香祝禱大元帥一戰功成。

吳三桂為愛妾被擄而降清，到反清時又恐出師無名，結果率諸將去謁永曆陵，誓言反清復明，但永曆帝本來就是三桂所殺者，如此之出爾反爾，除了被人認為是漢奸外，更屬無恥。

畫角頻吹　烽煙四起

三藩之亂的起因在於清廷早有撤藩的意思，因三藩之腐化與跋扈日甚，而康熙亦洞悉此事。所以，在康熙十二年廣東的尚可喜，因怕為兒子尚之信的飛揚跋扈所累，疏請歸老遼東之時，清室的議政大臣便認為是乘機撤藩的最佳機會。

吳三桂與耿精忠知道這個消息後，大為不安，便也先後疏請撤回安插，其實是在試探朝廷的意思。

康熙當時年僅廿歲，但已經是一位十分機智和工於心計的人，便召議政大臣來商議此事，當時參與議政者分為兩派，有主張乘機撤藩者，亦有主張慎重考慮者。

但康熙的理論則認為吳三桂蓄意謀反已久，撤亦反，不撤亦反，倒不如先發制人，而且吳三桂之子吳應熊及耿精忠之弟皆在京師，他們會有所顧忌，可能因此而不敢輕率從事。康熙之意已決後，便毅然下詔撤藩。

吳三桂接旨後果然聯絡耿精忠、尚之信等造反，自稱為天下都招討兵馬大元帥，到康熙十七年自立為皇，定國號為大周，建元昭武。

吳三桂在康熙十三年時聲勢最大，前後擾攘八年，蔓延十省，但吳三桂之意在使清廷能裂土罷兵，並無意急進，主因子孫皆在北京，恐子孫被誅，所以希望清廷能議和，裂土分治。

不料康熙決意不與吳三桂妥協，接着更賜吳三桂之子吳應熊及其孫吳世霖自盡。吳三桂至此知道清廷不會妥協，便決心與清室一戰到底，但吳三桂可能真是無帝皇的福分，在康熙十七年三月自立為帝後，在當年八月即告病逝，由其孫吳世璠繼位，改元洪化。吳三桂死後，清軍士氣大振，結果到康熙二十年，清兵每戰皆捷，最後吳世璠亦服毒自殺，三藩之亂遂告平息。由康熙十三年至廿二年，皇極經世值卦為大過之姤上九爻「姤其角，吝，無咎」，角者晝角也，軍中之吹器，烽煙四起，早已有象。雖吝，但終無咎，亦終能平定三藩之亂也。

平定邊疆　消除外患

在清室遭受三藩之亂的打擊時，北部的俄國便乘機侵略黑龍江一帶，並佔據了多處地方。

到三藩之亂在康熙廿一年平定時，康熙認為俄人侵略之野心愈來愈大，若不加征討，必為後患，結果兩國紛爭又持續多年，到康熙廿八年才簽立《尼布楚條約》。

當時有人認為清廷戰勝而放棄尼布楚，過於遷就俄人。但無論如何，尼布楚之約簽定後，北面邊境卻維持了近二百年的安定。

康熙是一位十分機智和工於心計的人，也有遠見。他在位期間，三次親征卑部，安定外蒙，使之成為清室之屏藩，鞏固北防。後來西藏之亂，當時廷臣之中不少主張固守邊界，暫緩出兵，但康熙力排衆議，決意派兵遠征，卒使西藏成為中國領土，而此外，有清一代接着而來的二百年間，並無邊陲之患，論者就認為是康熙的功勞。

康熙除了工心計和有遠見之外，同時亦有知人之明，不易為人蒙蔽，如當時之明珠之黨、噶禮之黨等，俱為朝臣之得勢者樹立黨派來營私舞弊，但結果一一為康熙所消除。

《清朝野史大觀》有一段這樣的記載，可說明康熙處事除了本身相當精明外，亦甚鎮定。話說康熙年間台灣蠢動，福建省警報到來之日，康熙正與諸皇子在暢春園練習射箭，消息到手後康熙只說知道了便繼續射箭，若無其事。不久再有消息來報說全台失陷，而康熙亦未動容，也只是說「知道了」。到諸皇子不奈，請康熙宣旨指授機宜，他仍不置答。射畢回宮，始召諸皇子諭之曰：「福建省距離京師數千里，台灣更隔重洋，平日用督撫提鎮，原為地方有事而設，他們自會就近籌辦，若降諭旨，未必能悉合海外情形，督撫不遵是違旨，遵旨則又誤事，所以不若任其自行處理。」未幾，全台收復矣。可見康熙處事，確有他的一套。

康熙首開　文字之獄

史書認為康熙個性平和寬厚，律己嚴而待人寬並舉例說如鰲拜之專權擅殺，亦僅禁錮終身；明珠之營私舞弊，也只是褫職了事。

這可能就是「天同星」守命的個性，但「天同星」到底多少有點情緒化，所以他雖然好學重儒，獎勵文學，搜求遺書，提倡經學與纂刊書籍等，但清代之文字獄，他卻是首開其端者。其中最著名者便是莊廷鑨明史之獄與戴名世《南山集》之獄，其他尚有沈天甫之獄與朱方旦之獄等。

莊廷鑨為康熙年間湖州人，目盲，然甚富有，極想著書傳世。適其鄰居為明末大學士朱國禎，著有《明史》，但未刊行而明已亡，家道接着中落，遂以明史稿本按予莊廷鑨，求借千金。不料莊廷鑨得到該書後，便竄改名字作為自己所作，並補入崇禎一朝事，刻印行世。康熙二年，有歸安知縣吳之榮者，適被罷官，但吳熱心功名，謀以告奸為功，冀立功復職，便向上司舉報說《明史》有叛逆之言論。莊廷鑨知道後怕大禍臨身，結果納重賄於當朝大臣，始獲無罪。不久莊廷鑨病死，其父不知該書足以招禍，稍為更改書中一些指斥滿清的文字，再版印行。結果又為吳之榮購得一本而獻之法司，由刑部侍郎審理此案，而這次株連之廣，情況甚為慘烈。

除莊廷鑨要剖棺戮屍外，並殺其弟莊廷鉞，舊禮部侍郎李令晰曾為該書作序，與其四子一同被殺。當時其幼子年僅十六，法司令其認細一歲，即可免死，但他的幼子說：「父兄死，不忍獨生。」卒不肯認細一歲而死。

序中稱「舊史朱氏」，本指朱國禎，但吳之榮與南潯富人朱佑明有宿怨，便嫁禍給他，結果朱佑明與其五子一同被殺。同時參與校訂、刻書、賣書者亦同斬，初辦此案之官吏納賄而釋放莊廷鑨者，均處絞刑，被株連而死者達七十餘人，而吳之榮因告發有功，重獲起用，並獎以所籍朱佑明之產，這是清室第一宗著名的文字獄。

續寫明史　引來大禍

吳之榮因告發莊廷鑨而獲得官職，同時亦發財，因誣告朱佑明得值，朱佑明被殺及抄家，抄家所得的一半財產獎了給吳之榮。

而吳之榮後來更官至右簽都御史。

時人不值吳之榮者甚多，但無奈伊何，只是說吳之榮如此滅絕人性，必有報應。

結果，據野史所載，兩年後，吳之榮果然獲得報應，突然間得到惡疾，據野史描寫他的死狀是「骨存於牀，肉化於地，頸斷而死」。並說「天之報施，誠不爽矣」，是為惡人有惡報也！

對吳之榮之所作所為，神人所共憤，野史更添上一筆說，吳之榮獲得甚慘之報應而死後，他生前曾捐錢興建三座關帝祠，在他死後俱毀於火，但關帝祠前後左右的建築物俱未波及，是故時人便認為神對吳之榮厭惡之極，不願接受吳之榮假仁假義的捐奉。

至於康熙年間另一宗著名之文字獄為：戴名世《南山集》之獄。桐城方孝標，曾在雲南為吳三桂翰林承旨，三桂將敗之時。孝標先降，得以免死。著有《鈍齋文集》及《滇黔紀聞》。時戴名世卜居南山，有才名，著有《南山集》，對明亡數十年，明史尚未編成而有所感慨，並說弘光之帝南京，隆武之帝閩越，永曆之帝兩粵、滇黔，地方數千里，前後十七、八年，不可毫無記載的讓之湮沒，而使後世無所知，書中並引用方孝標所著之《滇黔紀聞》。結果在康熙五十一年被人參奏，說該書悖亂，康熙便令刑部審明具奏。刑部審結後認為戴名世之《南山集》大逆不法，應凌遲處死，方孝標時已身故，但因所著《滇黔紀聞》多悖亂之語，應剖棺戮屍。至於兩人之祖父子孫兄弟及叔伯兄弟之子，年十六歲以上者，皆判斬。曾為該書寫序的汪灝、方苞及捐資刊行該書的尤雪鄂、方正玉等，一併棄市。株連極廣，達數百人。後來康熙為表寬大，赦部份人免死，但仍有三百餘人被戮。

關心民瘼　史稱賢君

康熙在位六十一年，被稱為是勤政愛民的皇帝，亦有認為他是最懂向人民市恩者，在位期間，蠲免賦稅之詔逾三十次以上。

康熙明白清兵入關之初，對漢人殺戮過甚，若不及時改以寬宏的態度及對漢人市恩，則帝業之基未必穩固，這是他的聰明之處。而賦稅免得太多之後，宮廷必須厲行節約，而他同樣能做到。宮中之開支，比明室時節儉甚多，所以他也可以說是一位儉約之皇帝。在他的一生中，曾經六次南巡視察堤工，還屢幸塞外與五台。

因中國歷代以來，均有黃河為患之事，如在明朝二百餘年間，就曾決堤二十餘次，每年浸沒田園及傷害人畜無數。康熙關心民瘼，想察知黃河附近地勢，以期早日消除河患，所以，他就有多次南巡之舉。而且每次南巡，沿途盡量避免鋪張，以不擾民為原則，到有河患之地，遇到災黎遍野，即會立即詔免錢糧，或下令運米前往救濟，故史書均認為他是中國史上的賢君。

而且康熙廿四年起，他亦曾多次北巡，而北巡的原因則有軍事上的目的，對邊境提高警惕，穩固北方的屏障。至於登五台山，則共有三次，分別在康熙廿二年、卅七年及四十一年。第一次且與皇太后同行，而野史則說他之前往五台山，是去探望他的父親順治，因野史認為順治其實未死，只是到五台山出家為僧而已！

由於他之南巡，知道他是為了河患而去，至於北巡，則有軍事上的目的，而三次登五台山，目的並無說明，是故不少人就認為他是去探望他的父親順治。雖然有人考據過認為順治是於順治十八年死於北京，但康熙登五台山謁見父親之說，仍然一直流傳着。康熙由於在位時間相當長，所以一切他認為要做的事都做了，可說生平志願，多數完成，但立儲一事，卻給他帶來無限的煩惱，而雍正之得傳帝位，就有不少的傳說。

王子結黨　覬覦帝位

康熙子女衆多，計曾生育有卅五名兒子，二十名女兒，除夭折及早殤者外，長大成人者亦有廿四人，名字全部用「胤」字排，後來雍正「奪得」皇位，其他兄弟要全部避諱，名字上的「胤」字改作「允」字。年紀最長的為允禔，然非嫡出，為惠妃納喇氏所生。嫡而長者為允礽，孝誠仁皇后所生，落地不久即喪母，康熙對他特別憐愛，未夠兩歲便冊立為太子了。

康熙初時對允礽栽培不遺餘力，簡大學士張英及儒臣湯斌教他詩書，兼通滿漢文字，更使他學習騎射武藝，南北巡狩，悉令隨行，以增廣他的經驗。所以，允礽已具備一切作為皇位繼承人的條件。照說在這情況下雍正與衆兄弟實難有非分之想的。

可能允礽太早被立為太子，群小認定他是將來的皇帝而有了目標，爭相親近，特別是國舅索額圖等，事事為太子袒護。到康熙四十二年，允礽年近三十歲，索額圖竟慫恿允礽發動政變，以便早日登基。此事為康熙發覺，大怒之下將索額圖賜死。

允礽經歷此事後心常不安，惶恐與憂戚齊集，終至言行失常，類似瘋癲，有時更顯得十分暴戾。

康熙至此，對允礽十分失望，到康熙四十七年九月，康熙召集諸大臣於塞外行宮，呼允礽跪前，垂淚諭之曰：「今觀太子舉動，暴戾淫亂，難以盡言……如此之人，豈堪託祖宗之宏業」隨下詔廢太子，並把他幽禁在咸安宮。自允礽被廢之後，儲位空懸，諸皇子便起覬覦之心，紛結黨營謀，奪嫡之爭由此開始。但不旋踵，康熙又懷疑允礽之狂疾，可能另有原因。就在這時，三皇子允祉告發，說允礽之狂疾，是大皇子允禔着喇嘛僧施用魘術使他如此的。康熙大怒，將允禔革爵幽禁，於康熙四十八年三月復立允礽為太子但不久允礽狂疾復發，康熙失望之餘，遂於康熙五十一年復下詔廢之。

而此後，皇子間的傾軋、結黨的活動就更為利害。

康熙死於一七二二年（康熙六十一年十一月），享年六十九歲，他是中國有史以來在位時間最長的一個皇帝，歷時六十一年。

本來，他的孫子乾隆是可以打破他的紀錄，但乾隆以「不奪先祖之美」，做了六十年皇帝後即行內禪，讓康熙保存這項紀錄。

官樣文章　不可盡信

據史載，康熙於彌留時，召請皇子及理藩院尚書隆科多至御榻前，宣諭曰：「皇四子（即雍正）人品貴重，深肖朕躬，必能克承大統，着繼朕登基即皇帝位。」不久康熙即逝世，雍正即位，是為清世宗。

這是清代一般官書所記載的「官樣文章」。

但雍正之獲得帝位，在「官樣文章」的裏面，就另有「內裏文章」，所以「官樣文章」不可盡信。

無論野史所載或近代歷史學家的考證，都認為雍正之繼承大統，是經過不正當的手段而得來的。

雍正生於康熙十七年（一六七八年），十月三十日寅時，陽曆十一月十三日，已過大雪，故作十一月生人推算。他的四柱八字是戊午、甲子、丁酉、壬寅。據命理名家對他命造的批註為：丁火貫通年時之氣，煞藏官露，日元坐貴，月德扶官，官煞得月令旺氣，喜得甲木引通其情，化敵為助。按雍正即位時已四十五歲，在位十三年，死於庚運，是為才破印也。

至於從紫微斗數來說，他的星盤是天相星守命，與乾隆相同，但四化與四煞所處位置有異，其他小星亦不相同，所以雖同為帝皇，但所經歷之途徑則大異了。乾隆的命宮除了天相星外還有祿存星，福德宮則見地空、地劫二星，故較為奢浮。

而雍正則天相星獨守，福德宮並無地空、地劫二星，所以較為穩重，個性陰沉機警。而天相星能善能惡的性格，他也是有的。在諸皇子的奪嫡活動中，雍正能暗中聯絡有實力的軍人而深藏不露，亦性格使然也。

第四章

宮廷多故自傷元氣的一代

——不得善終的雍正

雍正奪位　傳説多多

雍正之得承大統，登基為皇帝，野史有幾個版本不同的傳説，而相同的都是説康熙原本準備傳位給十四皇子允禵的，給雍正要了手段而奪得了皇位。流傳最廣的是説康熙的遺詔本來是寫「傳位十四皇子」的，但給雍正改為「傳位于四皇子」。但這個更改，也有不同的説法。

據《清史纂要》説，康熙病重之時，雍正與各皇子在宮門問安，隆科多受顧命於御榻前，康熙親書「皇十四子」四字於其掌。不久，隆科多出來，雍正上前問他，隆科多抹去了掌中所書十字，只有「皇四子」字樣，雍正遂得傳位。

又一説康熙在病重之時，諸皇子朝夕問安，獨雍正較不殷勤，而夜後卻總與掌握兵權的隆科多密談。康熙的病曾一度稍為好轉。轉往暢春園靜養，諸皇子亦隨駕前往，隆科多因是皇親，亦隨同幫護，獨雍正因奉帝諭往齋所受戒，不在其中。

過了幾天，康熙病情轉趨惡劣，御醫輪流診治，但藥石無靈，而且氣喘痰湧得十分厲害。

是夜康熙召隆科多入內，命他傳旨召回當時遠出未歸的十四皇子，只是氣喘痰塞，舌頭呆澀，說到「十」字，停了一回，然後說出「四子」二字。隆科多出來，即遣宮監去召皇四子胤禛（即雍正）。翌晨，雍正至暢春園，先與隆科多密語一番，然後入內見父皇康熙。諸皇子時已環侍在側，康熙見到雍正，知道弄錯，但痰又上湧和氣喘，康熙用手指着雍正說：「好！好！」再想繼續說下去，兩眼一翻，歸天去了。

是時諸皇子唯十四皇子允禵未歸，皇二子允礽則仍被拘禁。隆科多乃聲稱有遺詔，並宣讀云：「皇四子人品貴重，深肖朕躬，必能仰承大統，着繼朕登基，即皇帝位。」

皇八子允禩與皇九子允禟齊聲道：「遺詔是真麼？」隆科多正色道：「誰人有幾個頭顱，敢揑造遺詔？」

由是雍正嗣位乃定。

竄改遺詔　繼承大統

雍正之得到皇位，還有第三個版本的傳說，據《清朝野史大觀》所載，康熙六十一年冬，康熙本來準備赴南苑行獵，不料突然染病，回駐暢春園。在病情日漸惡化而至彌留之時，手書遺詔「朕十四皇子，即繼承大統」，所謂十四皇子者，允禵是也，英明賢毅，曾統師西征，甚得西北人心，故康熙早有意立之。

不料雍正偵得遺詔所在，欲私改「十」字為「第」字，蓋他自己為第四皇子也，若能將「十」字改為「第」字，自己即可繼承大統。遂獨自一人入暢春園侍疾，而不許各兄弟入內，時康熙已經昏迷。

突然間，康熙清醒過來，見雍正一人侍候在榻側，知被出賣，以枕頭擲擊雍正（另一說則以身上之念珠擲向雍正），不中，雍正即跪而謝罪，未幾，康熙逝世矣，雍正由此而得到帝位（另一說雍正於康熙駕崩後，出告百官，謂奉遺詔冊立，並舉念珠為證，百官莫辨真偽，乃奉之登極。）以上的種種傳說，都是說雍正的皇位，以不正當的詐騙手段得來。

但後來有人認為雍正因為兄弟多，大家都想得到皇位，所以失意者便造謠中傷，所傳未必為事實。但近代的歷史學家考據，卻多認為雍正之得到皇位，是從詐騙得來。野史更有說雍正之偷取遺詔加以竄改的計策，是手握重兵的年羹堯所主持者。更有說年羹堯與雍正的關係，有如呂不韋與秦始皇，說雍正之母先與年羹堯有私，入宮八月而生雍正，所以雍正之真正父親應為年羹堯云。而年羹堯亦因此而竊詔竄改，使雍正得到帝位。年羹堯在雍正時代，權傾朝野，其因在此，但後來以罪伏誅，則又另有解說。

但年羹堯與雍正的「父子」關係，早為歷史學家考證推翻，楊啓樵博士在他所著的《雍正及其密摺制度研究》一書中，根據朝鮮的記載，有力的考證得雍正比年羹堯大一歲。所以他們的關係不可能是「父子」。

雍正殘酷　毒殺兄弟

雍正的個性十分陰沉機警，所以在康熙生前諸皇子的奪嫡活動中，他能做到不動聲色，以免康熙厭惡。只是暗中聯絡掌握兵權的隆科多與年羹堯，卒而得到帝位。

由於兄弟間曾經角逐過皇位，所以他登基後，仍恐怕他的兄弟會傾覆他，接着就造成了兄弟鬩牆，有多名兄弟被拘禁及暴卒。

由雍正元年至八年間，他的兄弟紛紛受到迫害，三弟允祉、八弟允禩、九弟允禟、十弟允䄉、十二弟允祹、十四弟允禵等先後被革爵或監禁。

而受迫害最慘的是允禩與允禟。允禩被革職後更被改名為「阿其那」，滿洲語「狗」的意思，允禟被改名為「塞思黑」，滿洲語「豬」的意思。而後來兩人之死，都是盛傳被毒死的。

對於允禟之慘死，野史有這樣的記載：

一日，允禩、允禟等宴雍正於私邸，席上提出要獲得江南某一要缺，目的在安置其心腹人物，但雍正不許，而允禟一意要取得該職位，聲色俱厲，雍正怒甚，以允禩、允禟等欲樹黨來傾覆自己，結果不歡而散。

是夜，允禟讀書於私邸書齋，兔影半窗，猝聞屋簷間有落葉聲，心異之，蓋平日也常聽聞此類俠客之行徑，知之有素。允禟由於日間曾與雍正發生爭執，頗驚悸，喚侍人，但無應者。突然間，一武裝黑衣人揭簾而入，對允禟曰：「老爺子問爺晚安。（按宮中稱呼皇帝為老爺子）允禟一時間不知所措，少頃，對黑衣人曰：「皇上命你來做甚麼？」黑衣人遂拿出藥粉少許，對允禟曰：「爺請服此，即永無災患。」允禟在猶豫間，黑衣人以匕首力逼允禟，允禟不得已，服下藥粉，隨即倒地不起。黑衣人事後翩然躍屋升樹而去，杳不聞聲。

翌日，內監見允禟至午仍未起來，心疑之，呼之又不應，啓門入內看，室中無人，但地下有濕痕一片，作殷紅色。後允禟即被含糊宣佈去世。

毀屍滅迹　傳說詭異

野史中常有載以毒藥殺人者，死者死後連屍骸也沒有，地上僅餘血水一片，這種神乎其技的殺人滅跡方法，當然是野史的誇張其詞，最低限度到現在也沒有人知道有哪一種毒藥，可使人死後連屍骸也化去者。據推測極可能是死後毀屍滅跡，但地上仍留血水，便被人誇大其詞，誇大了毒藥的厲害。而雍正之殘殺兄弟，野史有一段這樣的記載，讀來使人覺得甚為詭異者：話說桐城某生，與宮中某內監友好，由於好奇和想一開眼界，常希望內監能帶他到宮中一遊。一日，內監不知如何突然答應帶他入宮，並為他置備腰牌、衣帽等。並戒之曰：「入午門時，侍衛必乘人猝不及防之時，猛聲呼喝，若非經常出入宮禁者，必然驚惶失措，侍衛這時就會立加拘捕，查明若屬亂闖者，則性命亦不可保。每入一門皆如此，然漸進則防閒亦漸疏，呼喝聲亦漸少，蓋謂已歷多門，必係經常入宮者，非奸細也。」

某監既引生入，遊覽畢，攜小生到自己在宮內居停小憩。而某監亦為在宮內有頭有臉者，皇帝亦經常到他的居所。當時某監對小生曰，小坐後即宜去，恐皇帝突然來到，就不知如何避匿了。正說話間，忽聞宮監噓氣聲報訊，某監驚曰：「皇帝來矣，怎算？」倉皇間叫生暫時藏匿在牀腹內，生在內從板縫外窺，頗清晰。

不久見雍正盛怒而入，盤膝坐在牀炕上，接着有力士數人挾持一人至，該人面色慘白，命之跪，不跪，衆侍衛強使他跪下。該人對雍正曰：「你不念手足之情乎？昔曹丕稱帝，雖窘曹植，然未置之死地。你謀奪帝位，計陷儲君，怕各兄弟之不服，欲盡殺之以滅口，是衆人皆知之事，史筆必不饒你，公理亦難讓你一手掩蓋。」

雍正大怒，起身力批其頰，命力士縛其手足，從身上掏出藥粉一小瓶，色白如雪，逼令吞下，立即斃命，隨被碎屍放入階前一大甕內，是時鴉雀無聲，針墜地亦可聞聲響……

碎屍入甕　拋入溝渠

雍正殺人後，仍盤膝坐在牀上，品茗吸煙，歷十餘分鐘，命力士啓甕視之。力士回報說：「畢矣。」雍正延頸伸腰，向甕內諦視，力士微傾甕口，即有紫黑色血水流出。

雍正當時尚悻悻然的說：「看你還能罵我否。」

隨後雍正下令力士將甕拋入御溝內，使之與濁流為伍云。

衆力士抬甕去，雍正亦接着離去，某監送皇帝走後，示意匿在牀炕內的某生出來，對之曰：「今日所見之事，理宜守秘，稍露風聲，你我皆死無葬身之地。今日，我適要當值，未能即歸，明日我會來找你，有事與你一談。」

某生回家後，自料會大難臨頭，但苦無脱身之計，便將事情過程始末用紙寫下，藏在破棉衲內。

翌日，某監果然來訪某生，對之曰：「先生禍由自作，昨日我未歸，是希望皇上不問，或不知，即可無事。」某監稍頓一頓，續說，不料晚飯後，皇上突然怒氣沖沖的問曰：「日間牀炕內所藏何人，你真大膽。」

某監說到這裏，不理某生有何反應，繼續說下去：「當時我急忙跪地叩頭，說你是我的親戚，及把你帶入宮中的過程告訴他。但皇上仍然怒不可解，並命令我把你殺死。」

某監續說：「我現在實在無計可施，只有照皇上的意思去做，但先生死後，我會送你的屍體回鄉安葬，稍後就會有人來，先生速理後事為盼。」

生泣曰：「事已如此，更復何求，只是可惜自己成為異鄉之鬼而已。」

遂與某監泣別，接着，某監出藥一服，令生服之，某生服下立斃。某生既死，某監便把他屍體送回鄉，託言說他病逝。數月後，某生之家人點拾箱篋衣服，獲生之絕命書，始悉此事，然事關宮禁秘密，稍披揚，禍可立至，故亦不敢為外人道。至於這次雍正所殺的是哪一位兄弟，則當然除雍正與協助行事者外，無人知道。

特務統治　廣佈線眼

至於十四皇子允禵，一般人都相信康熙本來傳位於他的。他在被雍正奪去帝位之後，收場如何呢？

允禵與雍正是同母的兄弟，同為孝恭仁皇后烏雅氏所生，但彼此並不相得。康熙末年，西藏亂起，允禵奉命為撫遠大將軍，負西征之責。雍正即位後，召之回京，入見雍正之時，欲只行兄弟相見之禮，但被雍正的侍衛把他壓在地上，迫其行跪拜君臣之禮。對此事允禵心裏不服，時有諷言，傳到雍正耳裏，雍正便製造藉口說他在西征時胡作妄為，革去郡王，改為固山貝子，使其守護康熙陵寢。後來再藉口說有人想利用允禵發動政變，便把他幽禁在壽皇殿，這一禁就禁了十四年，直到雍正去世，乾隆登基時才把他釋放。

雍正由於以非法及詐騙的手段得到皇位，所以登基初期，為了穩固帝位，就實行肅清異己，而他的兄弟與他意見相左的就慘了。另一方面盡量重賞擁立他的大臣如年羹堯及隆科多等，到帝位穩固之後，再殺他們滅口，所部署的步驟十分縝密。

由於雍正個性陰沉和工心計，擅謀人者必怕為人所謀。所以，他一定會要求消息靈通的，而雍正一朝的特務統治亦由此而開始。

對於雍正之廣佈線眼，野史有頗多之記載。並以「閭閻世故，無不上達」形容之。話說有人在覲見雍正之前，在市鎮想買一新帽，但不知何處有售，便四處問人。及翌日入朝，雍正即笑對他曰：「小心勿弄污你的新帽。」

又相傳王士俊奉派赴河東任按察，出京時僱一僕人隨從，及三年任滿返京，僕亦告辭而去，臨去時對王士俊說：「大人公忠為國，返京後必受皇帝嘉獎。」後來王士俊回京覲見雍正時，果獲嘉獎。及王士俊退出宮門，赫然發現昔日的僕從，原來是侍衛長，不禁駭然。由上述兩則事件，可見雍正的特務之厲害。

朝野細故　無不上達

雍正帝之特務工作，可説巨細無遺，野史還有這樣的一則記載：

話説狀元王雲錦，元旦與戚友賭牌消遣，賭興正濃之際，忽然失去一牌，遍尋不獲。翌日上朝覲見雍正，雍正問他昨夜曾做過甚麼事，王雲錦據實以告，更説出昨夜因失去一牌而無法繼續玩下去。

這時雍正笑曰：「不欺暗室，真狀元也。」隨着從袖中取出一牌給王雲錦看，即為王雲錦等人夜間失去者。

雍正曾經説過：「朕不疑人，也不信人。使朕信任之人，乃是不可信之人，使朕疑的人，必是他有可疑之處。」

這幾句説話正充份説明了他對人的態度。雍正登基時已四十五歲，他曾對諸大臣説過：「卿等須知今日之巍然在上者，非尋常生長在深宮之王，乃三十年在外，歷試諸艱，滿知情偽之雍親王也。但能常存此心，庶可常取恩眷！」

是故雍正一朝，大臣都有濃厚的「伴君如伴虎」之感，亦知道朝野細故，無不上達，所以行動也特別小心，如履春冰，即在私室之內，亦不敢戲語，是知道雍正密探之厲害也。雖相處一室，一燈相對，亦不敢肯定對方不是雍正的耳目，同時更怕隔牆有耳！時人戒備與警惕心之強，可以想見。

雍正的特務統治除了廣佈線眼、偵騎四出之外，尚推行所謂「密摺制度」，藉奏摺來蒐集情報。文官自布政使、武官自總兵以上，凡有見聞，縱使部屬職責以外者，亦須密奏。包括政治、人事問題、官吏貪污受賂、盜賊叛亂、農作物失收，甚至米帛價格等經濟問題等，也在奏報範圍之內。

而這些密奏都是直送到雍正之手，由雍正親自拆閱的，途中任何大臣也不得啓閱。雍正閱後如有意見，即以硃筆批，是為硃批，發還給上奏者，而上奏者閱過諭旨後，必須送回給雍正，不得自留，更要保守秘密。又是另一種的特務手法。

雍正訂下　建儲制度

雍正可能由於帝位是詐騙得來，所以登基後，防人甚嚴，特務工作做得十分周密。他用的人，一定要忠心耿耿的，正是「順我者昌，逆我者亡」的作風。對兄弟亦復如是，稍為逆他意的兄弟，即殺的殺、禁的禁。只有他的十三弟允祥，對他曲意逢迎，才獲得他的信賴。而允祥在康熙生時，已經與雍正同黨，所以在雍正即位後，他被封為怡親王，曾身兼九職。但允祥並不長命，在雍正八年時即已病逝。據説允祥去世時，雍正顯得十分哀傷。

雍正由於不輕易信人，所以事無大小均自己處理，極少與大臣商量討論，而他決定要做的事，大臣亦極少能改變他的主意，更不喜歡別人查問一些與自己無關的事。

他自己由於身經奪嫡之爭，所以，他在登上皇帝位之後，就想辦法防止以後再有這種事件重演。

終於，雍正想到了一個防止以後再有皇子爭奪帝位的辦法。

話說有一日，雍正召各大臣到乾清宮，說明建儲之事必須詳慎，然後說：「父皇聖祖康熙既然將大事付託朕躬，朕身為宗社之主，不得不早為計。」所以他決定以後如立太子，即將太子之名寫好密封，存入匣內，放在乾清宮最高處的一個「正大光明」的匾額之後，該「正大光明」四字為順治所手書者。

雍正這個辦法，就是在立儲之後，也不讓各皇子知道誰是儲君。同時，雍正為了防止萬一，除了上述辦法之外，並另再親書應立皇子之名，密封錦盒收藏在宮內，以便到皇帝駕崩之日，把兩者取出來核對，自然不會有任何差錯。

雍正這個辦法，以後就成為清室定例。

奪嫡之爭，雍正在這方面是過來人，所想的辦法當然周全，也表現了雍正心思的縝密。

共患難易　共富貴難

在中國歷史上，開國功臣顧命大臣，每多不得善終。而擁立雍正最得力的年羹堯和隆科多，亦不例外。

據云雍正在登上帝位後，第一件事是肅清異己，鞏固帝位。而第二件事，就是殺人滅口。在異己分子仍未肅清之時，先厚待「知得太多」的功臣，以安其心，然後慢慢圖之。

雍正即位之初，與年羹堯甚為相得，且雍正所寵愛的年貴妃，即為年羹堯的妹妹，所以有人認為他們兩人因此親戚關係，早在康熙時代已有聯絡，而雍正當時亦曾利用年羹堯來監視政敵的行動。到後來謀奪帝位，年羹堯亦有參與計劃云。

從故宮遺檔中所見年羹堯之奏摺與雍正之硃批，可確知雍正即位之初，兩人的關係確實是甚為親暱的。

話說年羹堯見當時之琺瑯製品甚美，曾上奏希望雍正賜他一兩件，該奏文為：「臣伏覩琺瑯翎宮，製作精緻，顏色秀麗，不勝愛慕……如有新製琺瑯物件，賞賜一二，以滿臣之貪念。」而雍正之硃批答覆則為：「琺瑯之物尚未暇精製，將來必造可觀。今將現有數件賜你，但你若不用此一『貪』字，一件也不給，你得此數物，皆此一字之力也。」

而後來雍正硃批覆年羹堯之奏謝表摺，更有用到十分親暱的字句，該硃批云：「從來君臣之遇合私意相得者有之，但未必得如我二人之人耳。……總之，我二人做個千古君臣知遇的榜樣，令天下後世欽慕流涎就是矣。」從兩人之奏摺與硃批的來往，兩人在君臣名份極嚴之時代，能輕鬆如老朋友那樣，說沒有特殊之原因存在，實在令人難以置信。

那麼年羹堯如何又招致殺身之禍呢？論者認為年羹堯得勢後過於驕橫，不可一世，而未能明白古往今來，共患難易、共富貴難之成例。終於在雍正三年冬被賜自盡。其過程是……

年氏羹堯　功高震主

在雍正登基之初，權傾朝野的年羹堯，後來招致殺身之禍，可說與他本人之性格頗有關係。

據野史所載謂年羹堯童年時即桀驁不馴，《清人逸事》有這樣的一段記載：年羹堯七八歲時，隨父親遐齡赴湖北巡撫之任。一日適父出外，年羹堯欲泛舟遊黃鶴樓，但由於當時風大，江中浪湧如山，家人百方勸阻，但年羹堯就是不聽，乃駕舟破浪而行，傾側顛簸，幾次險告覆舟。到遊完黃鶴樓之後，日暮時風更急，而年羹堯一樣冒險駕舟而回。

有人怪而問之，年羹堯竟說：「我還年幼，正在力學之時，如我後福無窮，遇險必得救，否則葬身魚腹，亦了此一生。」

故《清人逸事》評他：髫齡之時已如此桀驁，是以大功雖立，終以跋扈伏誅也。

年羹堯是漢軍鑲黃旗人，精通兵法，康熙末年平定西藏有功，獲授平西將軍印。到雍正元年，平定青海之亂，封一等公。在軍事方面，他軍紀極嚴，個人則極為聰明機警。

據傳有一次大雪，年羹堯乘輿出行，從官數人扶輿而行者，雪片鋪滿手上，手僵而欲斷，年羹堯憐之，下令曰：「去手。」意免其僵凍也，不料從官會錯意，竟各自出佩刀自斷其手，血涔涔遍雪地。

又一段對年羹堯征西藏時的記載說，有一夜，三更時分，忽聞疾風西來，但轉瞬即歸沉寂。年羹堯着急呼參將率領飛騎三百，往西南密林中搜賊，果盡殲焉。事後有人問他何以知道敵人伏在該處，年羹堯答曰：「一霎而絕非風也，是飛鳥振羽之聲也。夜半而鳥出，必是有人驚之者。此去西南十里有叢林密樹、宿鳥甚多，估計是賊來潛伏，鳥驚而飛。」

但年羹堯雖然聰明機警，但在功高震主之時，跋扈驕橫，不知「朝乾夕惕」，更因寫錯為「朝惕夕乾」而惹禍，被雍正指為大不敬，亦奇也！

滅口之計　殺年羹堯

年羹堯之招來殺身之禍，史書一般都認為是年羹堯的驕妄所致。

據載雍正二年冬，年羹堯平定青海之亂凱旋回京，公卿跪接於廣寧門外，雍正亦為之郊迎，年羹堯與雍正並轡而馳，對百官之伏謁，年羹堯完全視若無睹，王公有下馬問候者，年羹堯也只頷之而已。

而在雍正之前，亦箕坐無人臣禮。

雍正對年羹堯各種驕縱情形，目無朝廷，都容忍他，據說因為雍正之得帝位，年羹堯實有大功焉。

但雍正性極猜疑，日夜思殺年羹堯，而年羹堯雖聰明一世，卻始終並不覺悟。

漸漸，雍正對年羹堯奏摺之硃批，不若以前的輕鬆和親暱，殺機已伏。

直到有一次，年羹堯在奏章內把「朝乾夕惕」寫錯為「朝惕夕乾」，這是易經中乾卦三爻爻辭的意思，雍正便翻臉的說年羹堯有意諷刺。

後來又以年羹堯之部下要藏民作苦工，引起叛變，要他報告經過。年羹堯奏說已報，但其實未報。就這樣，雍正指年羹堯說謊，把他免職，降為杭州將軍。

據說在年羹堯被降職為杭州將軍時，有幕僚勸他叛變，但年羹堯夜觀天象後嘆曰：「事不諧矣！」終上道駐防杭州。但所攜財物，多至數十車，隨行家人與僕從等多達千人。

雍正聞報，便乘機下令調查年羹堯的財產，而不滿年羹堯之大臣，這時就覷準機會，紛紛入奏攻訐。結果查出年羹堯有田地達三百頃，房屋千所以上。於是雍正再罷年羹堯之將軍職，降為閒散章京。到雍正三年十二月，逮至京師，由議政大臣三法司九卿會審，罪名達九十二欵之多。

終於，雍正賜年羹堯自盡，其長子年富立斬，其他年十五歲以上的兒子則戍極邊，其父遐齡及其兄希堯革職免罪，到雍正五年才復用。

至此，世人更加相信雍正與年羹堯確有一段秘密，因此殺之滅口。

君臣知遇　變作整肅

隨着年羹堯被殺後，接着又有隆科多之被清算。隆科多就是據傳抹去手掌上「十」字而使雍正奪得帝位之人，他是康熙的孝懿仁皇后之兄，所以在名份上他是雍正的舅舅。康熙駕崩之時，大臣承顧命者唯有隆科多一人，而雍正之得到帝位，相傳是隆科多使用詭計所致。所以，雍正即位之後，對他恩遇極隆。既襲一等公，授吏部尚書，又與年羹堯同加太保。

到年羹堯之獄起，雍正以他維護年羹堯，削太保銜。到雍正四年五月，因其家僕恃勢索賄事，發覺隆科多亦曾受年羹堯賄賂，詔罷尚書之職。到雍正五年，被人奏劾藏玉牒於家，經審訊後，所定罪名達四十一項，擬斬立決，財產入官。

但雍正這時發出假慈悲，說康熙駕崩之日，大臣承旨者唯隆科多一人，免其正法，於暢春園外造屋三間，作為禁錮隆科多之所，到雍正六年，隆科多去世，雍正更賜金治喪。

至此雍正已把擁立他的年羹堯與隆科多都解決了。而雍正的所謂「君臣知遇的榜樣」，實在使人感到諷刺和恐怖！

對於解決隆科多，野史有這樣的一段記載：

話說田文鏡有一幕僚鄔某，紹興人，習法家言，人稱鄔先生。一日，對田文鏡曰：「公欲為名督撫耶，抑僅為尋常督撫？」文鏡對曰：「必為名督撫。」鄔某即曰：「然則任我為之，公無掣肘可也。」文鏡問他打算怎樣，鄔某曰：「我將為你草一疏上奏，內文不能讓你見，能信我否？此疏一上，公事成矣。」田文鏡知他有所恃，答應了他。而鄔某寫好奏摺後，讓田文鏡署上名字，送到雍正處，原來是彈劾隆科多者也。

時雍正早有整治隆科多之意，只是內外大臣無人敢言其罪，但鄔某早窺得雍正的意思，故敢作此大膽的行為，而果然所料不差，疏上之後，隆科多果然獲罪，而雍正此後對田文鏡寵遇日隆，據說亦與此有關。

試題之獄　欲蓋彌彰

在殘殺兄弟，誅戮功臣之後，雍正接着而來對付的，就是文人了。

在年羹堯與隆科多被清算後，雍正就想辦法壓制文人，不讓他們在這方面發表文章或評議朝政。所以，就有文字獄的發生。

在雍正年間，最著名的文字獄就是查嗣庭的試題之獄。

查嗣庭為浙江海寧人，與隆科多甚有往來，在雍正四年時，奉派為江西正考官，當時所出試題為「維民所止」。到隆科多獲罪之後，就有人告訐查嗣庭，說他所出的試題「維民所止」，是把「雍正」二字去其首，有叛逆之心。

雍正聞奏震怒，立即革職拏問。時雍正諭內閣九卿翰詹科道等曰：「查嗣庭向來趨附隆科多。隆科多曾經薦舉，朕令內廷行走，授為內閣學士，後見其語言虛詐，兼有狼顧之相，料其心術不端，從未信任，及禮部侍郎員缺需人，蔡珽又復將伊薦舉，今歲各省鄉試屆期，朕以江西大省，須得大員以典試事，故用伊為正考官，今閱江西試錄所出題目，顯露心懷怨望譏刺時事之意，料其居心澆薄乖張，平日必有記載。遣人查其寓所，及行李中，則有日記二本，悖亂荒唐怨誹捏造之語甚多，又於聖祖仁皇帝用人行政，大肆訕謗，以翰林改授科道為可恥，以裁汰冗員為當厄，以欽賜進士為濫舉，以戴名世獲罪為文字之禍……熱海偶然發水，則書淹死官員八百人，其餘不計其數。又書雨中飛蝗蔽天，似此一派荒唐之言，皆未有之事……今若但就科場題目加以處分，則天下之人必有以查嗣庭為出於無心，偶因文字獲罪，為伊稱屈者。今種種實跡具在，尚有何辭以為之解免乎。爾等漢官讀書稽古，歷觀前代以來，得天下未有如我朝之正者，查嗣庭讀書之人，受朕格外擢用之恩，而逆天負恩，譏刺咒詛，大干法紀……」雍正之諭文，洋洋灑灑，不外表示自己並非小器，欲蓋彌彰而已！

煉劍為丸　武功詭異

查嗣庭被捕後，不久病死獄中，但仍判戮屍梟首，其子亦坐死，家屬則遣戍極邊。除了最著名的查嗣庭的試題之獄外，尚有汪景祺的「西征隨筆」之獄，指其文中譏諷康熙，立斬梟示。

雍正以查嗣庭與汪景祺均為浙江人，便說浙江風俗澆薄，下令停止浙江鄉會試，直到浙江總督李衛得雍正寵信，然後恢復浙江的鄉試。

其後還有雍正七年之謝濟世註經之獄及陸生柟論史之獄等。

雍正的星盤，表面看來卻不似是個心狠手辣之人，但細心的推敲，天相星守命，吉凶無定，是為吉星拱照則吉，凶星拱照則凶。而雍正的星盤，天相星雖有祿存、天府等吉星拱照，但也有鈴星與火星這兩顆凶星會照。只是，問題並不在凶星的會照，以個人的意見，認為天相星十分受夾宮的影響者，忌星相夾的影響會比凶星的拱照影響更大，而且是潛伏性的。雍正的命宮天相星，緊靠着化忌的天機星，更為不露形跡。所以，雍正能在兄弟奪嫡之時，最為沉着，最為不露形跡。到後來之殘殺兄弟，誅戮功臣，迫害文人，也是十分有步驟的縝密進行。但雍正享祚甚短，為期只有十三年，四十五歲登基，到五十七歲便去世了。

終雍正一生，甚多傳説，甚至他的死，也有説是被呂留良的孫女呂四娘所殺的。在《清朝野史大觀》，有一篇雍正外傳，對雍正有如下的描述：「雍正為康熙的第四子，少年無賴，好飲酒擊劍，不見悦於康熙，出亡在外，所交多劍客力士，結兄弟十三人，其長者為某僧，技尤高妙，驍勇絕倫，能煉劍為丸，藏腦海中，用時則自口吐出，矯如長虹，能殺人於百里之外，號稱『萬人敵』。次者能煉劍如芥，藏於指甲縫，用時擲於空中，當者披靡。而雍正亦習其術。」這段文字，描寫雍正有極高和詭異的武功，接着而來是述説他之改詔奪位和一些不可思議的經過……

雍正下葬　屍首無頭

話說雍正有一日到天壇去祭祀，甫抵天壇不久，突聞壇頂所張黃幕，有物蠢動之聲，時雍正左右之侍衛，疑為刺客，紛上前掩護雍正。但見雍正右手微動，手中射出一線光芒，直射到壇頂上黃幕之處，黃幕迅即裂開。一狐狸之頭血涔涔的從黃幕處跌下來。

雍正在表演了自己詭異的武功之後，顧左右的衛士說：「近來逆黨想謀刺我，密佈刺客，我故意施一下小手段，使逆黨知我劍術之高妙。雖有刺客，能奈我甚麼何！」

但雍正雖是這樣說，也網羅了天下間不少武林高手，然心中仍有一層疑慮，那就是有一名武術甚高之僧人，始終不接受雍正的收買，亡命山澤，而雍正一直認為是心腹之患，每思殺之以除害。但該僧人行蹤飄忽，居無定所，無法把他弋獲。

一日，有探子來報，說查得該僧人在甚麼地方，雍正立即派出三名高手，易服往探，更佈置有精兵圍守各要隘。

果然，發現該名僧人所在，三名高手圍上時，僧人見無法再逃，笑曰：「你們受雍正之命來捕我乎？你們主人現在氣數尚旺，我不能與他爭。不過你們要知道，雍正多行不義，屢以私恨殺人，現在我雖然死去，但你的主人雍正必然不能苟免，一月之後必有人來替我報仇者。」說完這番話之後，即自刎而死。

三名高手隨即割下該名僧人的頭顱，攜回去向雍正覆命，並把該名僧人的話複述一次讓雍正知道。雍正聽罷，面色遽變，顯得十分恐懼的樣子，立即加強宮中守衛，寢食不寧者數日。過了一個多月後，雍正突然無故暴死於內寢，他的死成為宮廷內一大秘密，諱言為病死。但據說實際是為呂留良的孫女呂四娘所刺殺，而呂四娘就是拜上述僧人為師學得劍術絕技者。當日更把雍正頭顱割去作為報復，故傳說雍正下葬時屍首是無頭者。

瞻看御容　大臣驚訝

至於雍正下葬時屍首是否無頭，這件疑案，日後在開掘雍正墓時，就會真相大白。雖然不少治清史者認為雍正被呂四娘所殺這段故事，為其爺爺呂留良因文字之禍被開棺戮屍而報仇，屬於齊東野語。但這事清初喧傳甚盛，是真是假，到開掘雍正之墓時，應有答案。

相傳雍正駕崩之日，午間尚在大內與莊親王允祿、果親王允禮、大學士鄂爾泰、張廷玉等議事，直到下午申時（即現在的三時至五時），方命退班，差不多商議了四個小時。

當晚，鄂爾泰在家，忽見宮監奔入，氣喘喘的報稱：「皇上暴病，請即進宮。」鄂爾泰連忙起身，馬不及鞍，疾趨入宮，但見御榻旁人數無多，只皇后已至，滿面淚容。

鄂爾泰揭開御帳，不看猶可，一看之下，不覺哎喲一聲，大表驚訝。不久莊親王與果親王都趕到，近瞻御容，都嚇了一跳。隨後鄂爾泰與總管太監，到乾清宮取下秘匣，當即開讀，傳位於皇四子弘曆（即乾隆）。

這項傳說，沒有指明雍正死時是被割去頭顱的，只是說大臣鄂爾泰、莊親王、果親王等見到雍正遺容時，都大吃一驚。所以，更多人相信呂四娘的故事。

雍正死後，葬在西陵區的泰陵。他葬在這個地方，也有一段傳說。

順治入關之後，本來已在河北遵化縣西北七十里的昌瑞山找到了風水地，在那裏建立皇陵，是為東陵，順治與康熙都是葬在那裏。本來，照說雍正也應該順理成章的葬在那裏才對。但據說雍正之不隨順治與康熙一同葬在東陵區，是因為他是篡改康熙的遺詔而得到帝位的，死後無面目見康熙，所以才選擇距離東陵五百里的易州太平峪作為皇陵，是為西陵，希望躲得遠遠的，不致在九泉之下和康熙見面難堪。這當然只是傳說，並無任何根據。但雍正之葬在西陵，過程也是十分曲折的。

雍正自選　風水吉地

在順治選擇了昌瑞山營建東陵，作為清代皇室的陵墓區以後，康熙與他的后妃也都葬在那裏，是清室「子隨父葬」制度的開始。

但雍正之不遵隨這個制度，除了前文的傳説他怕在地府見到康熙之外，實在也另有原因。

雍正七年，雍正已命大臣找尋興建自己皇陵的吉地，當時受命勘察的人，看過了整個東陵，都沒有滿意的地方。後來認為偏北的「九鳳朝陽山」勉強可用，那裏離順治與康熙的陵寢也不遠。但另一些精於堪輿之學的大臣，再三研究之後，認為該處規模雖大，形勢未全，且穴中土質不佳，故認為不適合建皇陵。

後來怡親王允祥、大臣高其倬及精於風水之學的戶部侍郎洪文瀾，在易州境內永寧山太平峪，發現了一塊上好的吉地，極力向雍正推薦。該處的形勢是「峻嶺崇岡，遠拱於外，靈岩翠岫，環衛其間，南北溪水，輔衛有情」。當時發現該地的大臣對雍正説，那是「乾坤聚秀之區，陰陽和會之所，龍穴砂石，無美不收，形勢理氣，諸吉咸備」。

而雍正後來也親自去看過，同意那裏「山脈水法、條理詳明，為上吉之壤」，決定在那裏興建自己的陵寢。

但雍正為了怕人說他破壞「子隨父葬」的制度，示意大臣考證一番，說明歷代帝皇並不是完全遵照「子隨父葬」的。在封建皇朝時代，在「朕即國家」的觀念下，皇帝認為自己家運，就相等於國運，所以，要選擇好風水的陵寢，一點疏忽不得。時大臣已窺知雍正的意思，知道雍正已立意選擇西陵建陵寢，便說雍正縱不葬在東陵，於古制亦無不合，並舉例說明過去帝王不少是另建陵寢，所以不一定要「子隨父葬」。並且強調說那塊風水地為「地脈之呈瑞，關乎天運之發祥，歷數千百里蟠結之福區，開億萬斯年之厚澤」。

自此，清室的皇陵，便有了東陵和西陵兩個陵墓區。

整飭吏治　廢除酷刑

以「子平命理」來説，雍正死於庚運，是為庚甲沖，財星破印的結果。

若以紫微斗數來説，則為福德宮見孤辰、寡宿兼會照到天機星化忌與太陽化忌。

在雍正統治的十三年間，在政績方面，大多予以好評，論者認為康熙過於寬仁，因此留下不少弊端，貪黷玩法之吏不少。而雍正四十五歲然後登基，對吏治腐化之情形知道得甚為清楚。因此，即位後即着重的去整飭吏治，更由於他的偵騎密佈，各省府縣大小臣子，怕惹禍上身，無不提高警惕，因而貪污事件甚少。但對個人行事方面，論者則認為他刻薄寡恩，如對兄弟之迫害、大獄之屢興等。

然亦有人認為那是為了鞏固帝位，不得不如此，並説雍正個性並非如此心狠手辣的。雍正一生好佛，亦著有佛學的書籍。慈悲為懷與心狠手辣確是兩個十分極端之事。但清初之酷刑腰斬，卻是由雍正開始廢除的。

雍正年間，俞鴻圖督學閩中，因其妾與僕人串通，在試場中出術傳遞文字，考試結果便有不公平之現象出現，而且愈來愈荒唐，但俞鴻圖本人卻不覺察。終於為人彈劾，雍正突遣派侍講學士鄒升恆替代其位，並下令將俞鴻圖腰斬，由鄒升恆監斬。

鄒與俞本有兒女姻親的關係，但鑑於天威，不敢洩漏。俞鴻圖倉卒間受刑，赴市方知。在過去，劊子手在行刑前多向犯人之家屬索賄，予以賄賂者則可使犯人速死，如果不予賄賂的話，則下刀之處有異，犯人會死得很遲和很痛苦。

俞鴻圖當日就是由於未有賄賂劊子手，所以，被斬為兩段時，未有即死，在地亂滾，一時間求生不得求死不能，竟以手自染其血在地上連寫七個「慘」字，其宛轉未死之狀，怵目驚心，慘不忍睹。此事發生後，監斬官把實情向雍正奏上，雍正聽後亦為之惻然，遂下令從此廢除腰斬之刑。由此看來，雍正還是有惻隱之心的。

官書多妄　野史多誣

雍正享祚並不長，只有十三年。但在這十三年裏，卻實在是多姿多彩的，而論者對他譭譽不一之外，對於有關他的各種傳説，正史與野史也有很大的分別。

如野史説他武功厲害，甚麼血滴子等，繪影繪聲，近代也有人改編成電影。

但近代歷史學家的考證，卻認為雍正是不會武功的，甚麼煉劍成丸、藏劍於甲，都是捏造的，至於傳説他為呂四娘所殺，更認為屬於天方夜譚。

又如野史説他喜歡參歡喜禪，十分好色，夜無虛夕，以致形銷骨立，一度吐血，要御醫悉心醫治，皇后鈕鈷祿氏趕開所有妃嬪，讓他靜養等。

且看《清宮秘史》小説這樣的一段記載：雍正皇帝見對頭的兄弟和功臣都已滅盡，便認為可以高枕無憂，終日與妃嬪們行淫取樂，他最寵愛的是瓜爾佳氏和貴貴妃，有時和她們二人到雍和宮上參歡喜佛。而雍和宮裏的喇嘛見皇帝到來，便和美貌的女徒弟脱光衣服，捉對兒的在佛座下跳着、交戰着，叫做跳佛。而那些女徒弟個個長得妖艷萬分，雍正看得興起，亦常情不自禁脱去衣服加入跳佛。

雍正仗着喇嘛所製之春藥，奮力轉戰，把那些女徒弟戰得嬌啼宛轉，個個討饒。那些喇嘛便乘機稱讚雍正了得，説甚麼「萬歲天生神力，凡人不可以及」。

而雍正皇帝樂此不疲，一有空便到雍和宮去，日裏和女徒弟交媾，夜裏就要瓜爾佳氏和貴貴妃輪流侍寢，有時還覺不夠，便宣召妃嬪來濟事。

由於雍正憑藉春藥的力量來加強自己的精力，所以，不消幾個月，就因虛耗過甚而病倒了……

所謂官書多妄，野史多誣，而所謂秘聞者，當然更多為捕風捉影之作。雍正可能因為喜歡研究佛學和著有佛學的書籍，就被人説是喜歡參歡喜禪，應是始料所不及也。

死因成謎　傳説多多

雍正好佛，常與僧衲往來，不料卻破野史小説歪曲為喜歡參歡喜禪。但事實，雍正對佛學是造詣頗深的，撰有《破塵居上語錄》、《御選語錄》、《經海一滴》、《宗鏡大綱》、《揀魔辨異錄》等佛學著作。

宮闈故事，每年幾個版本。而世人論事，亦喜加上自己意見，所以縱使雍正是真正的潛心學佛，別無他圖，但仍有人認為其中涉及政治的原因，説佛道於下層社會中擁有廣大的信徒，可資利用。

雍正死於雍正十三年（一三七五年）陰曆八月廿三日凌晨，他是暴死於圓明園離宮中。傳説他是被呂留良的孫女呂四娘所刺殺，是為不得善終者。

呂留良的文字獄案定讞於雍正十年十二月，呂留良父子戮屍梟示，另一子斬決，家屬發遣極邊為奴。有人説呂四娘是漏網之魚，學得武藝後潛入宮中，以飛劍取去雍正首級，亦有說她混入宮內，以宮女身份侍寢伺機行刺。

而事實呂留良之案發生後不久，有謠言傳入宮內，說呂留良之後人有漏網者。當時雍正對此事十分關注，曾訊問負責該案的浙督李衛說：「外傳有呂氏孤兒之說，當密加訪察根究，倘或呂留良子孫有隱匿以致漏網者，在卿干係非輕。」

所以，呂四娘其人其事，縱使是空穴來風，亦被人認為其來有自了。

而且，官書對雍正之死，記載極簡，亦未有說他患的是甚麼病。所以，更有傳說他是服春藥過量而死。亦有說他是服了道士所煉的丹藥中毒而死。

對於服食丹藥而死之說，就是因為雍正在宮內蓄養了一些僧道異能之士，而他本人亦好佛道之學所致。同時，更因為他死後只隔一天，嗣主乾隆忽然下一道諭旨，驅逐煉丹道士，所以有人認為新君剛繼位，百務待理之際，突有此舉，實耐人尋味云。

道士入宮　三月被殺

從雍正的硃批諭旨，知道雍正踏入五十歲後，健康情況就已十分惡劣。雍正八年間，他曾特諭河東總督田文鏡、浙江總督李衛、雲南總督鄂爾泰及多位駐外的大臣，留心訪查民間是否有道行高超的道士，以便送入宮中替他治病。

該道諭旨的內文是：「可留心訪問，有內外科好醫生，與深達養性命之人或道士，或講道之儒士、俗家。倘遇緣訪得時，必委曲開導，令其樂從方好，不可迫之以勢。厚贈以安其家，一面奏聞，一面着人優待送至京城，朕有用處，竭力代朕訪求之，不必預存疑難之懷，便薦送非人，朕亦不怪也，朕自有試用之道……」

從這道諭旨，可知雍正訪仙求丹之心甚切，更說明「便薦送非人，朕亦不怪」以安大臣之心。

果然這道諭旨下了不久，浙江總督李衛即推薦了一名道士賈文儒進宮，是白雲觀的道士，屬全真派。

但賈文儒進宮後的遭遇卻是十分離奇的，初而獲雍正的激賞，但不夠三個月卻斬首。罪名是施行妖妄之術。

據說這位賈道士初入宮之時，每次對着雍正口誦經咒和按摩，雍正便立時覺得渾身舒暢，見效神速。

但後來雍正覺得賈道士確有使他「安則安，不安則不安」的威力時，便硬說賈道士並非真正的替他治病，目的是在操縱他的健康而已！便說他是妖邪之人，胸懷叵測，蠱毒魘魅，交三法司會同大學士定擬具奏。結果群臣議定說賈道士應照大逆律，凌遲處死，親屬則處斬或沒收為奴。此時雍正為表寬仁，僅將賈道士處斬。

近代歷史學家考證，賈道士之死，是宮廷內兩派道士鬥爭的結果。當時道家雖有多個宗派，但以全真派與正一派最盛，前者講究靜心修養，不講究丹藥，後者則有煉丹之舉。而雍正信了後者，就把賈道士勸他「清心寡慾」視為妖妄。終於把賈道士處死，而自己則中丹毒而死，亦異數也。

第五章

內亂紛起外侮踵至的時期

——國力大衰之嘉慶、道光

乾隆內禪　嘉慶登基

清朝由順治入關起計，歷康熙而至雍正駕崩之時，已統治了中原九十二年。故老相傳說「外族統治中原，無百年之國運」，故乾隆與嘉慶年間，民間盛傳乾隆為漢人，為大臣陳世倌之子，出生後抱入宮中被雍正掉包了的。此事於《清室氣數錄》開始時已述及。

雍正駕崩後，乾隆繼位，清室之施政，在一寬一緊之後，乾隆即推行寬嚴互濟的執中政策。他對康熙之寬與雍正之嚴，皆非所喜，所以他登基後，在乾隆二年時曾諭諸臣說：「治道貴乎得中，矯枉不可過正」，又說「康熙皇帝之時，久道化成，與民休息，而臣下奉行不善，多有寬縱之弊。雍正皇帝整頓積習，仁育而兼義正，臣下奉行不善，又有嚴刻之弊。」這是說上兩代既有寬縱之弊也有嚴刻之弊，而一切弊端之形成，他並沒有怪責他的祖父康熙與父親雍正，一切罪名完全在「大臣奉行之不善」。

但不論乾隆的政策是對或不對，他在位六十年，是清朝由盛而衰的開始。而乾隆之後，清朝日趨沒落，跡象甚為明顯。

乾隆做了六十年皇帝後，退位為太上皇，禪位於其子嘉慶。

嘉慶生於乾隆廿五年（一七六〇年）十月初六日，丑時（陽曆為十一月十三日），時在立冬後六日。

他的四柱八字：庚辰、丁亥、丁丑、辛丑。命理名家徐樂吾先生所著的《古今名人命鑑》中，誤為乙亥月，肯定是錯的。初時筆者以為是手民之誤，但細心讀他評述，卻發現他是根據乙亥來評的，所以應是他自己的錯而不是手民之誤。他說此造「身弱用印，印逢『天德』，且年、月、日同居甲戌旬，貴徵也」。

十月的「天德」在乙，但此造並非乙亥月，故不應有天德。而乙亥是與甲戌同旬，但丁亥就不同旬了，所以肯定是徐樂吾先生大意之錯。

和珅一倒　嘉慶吃飽

徐樂吾先生評嘉慶的命造，因八字起錯，故他的評論已作不得準，不過仍照錄之以饗讀者，他的評論是：「此造以水為源，水木火土金循環相生，生意不悖，身弱用印，印逢天德，且年月日同居甲戌旬，貴徵也。八歲起運，寅運氣轉東方，三十七歲登位，在位二十五年，壽六十一而終，在辛運，才旺破印也。」

從全段的評論來看，他是把嘉慶的八字丁亥月誤作乙亥月的。這個錯誤可說是十分疏忽的，因為根據規律，庚辰年絕不可能有乙亥月的。

而嘉慶的八字，可說用神不顯，並非上佳的八字，只有行運遇到寅卯時，才顯出光芒。所以，他這個人，福氣是有的，但並無甚麼過人之處。登基後內亂紛起，清朝經過嘉慶之後，國勢更為一天比一天弱。

若以紫微斗數而論，嘉慶是太陰守命，事業宮遇到天同化忌，亦主他在事業上多不如意之事。三十七歲登基，運逢福德宮武曲星化祿及化權，本宮天相會遇左輔右弼所致。

再從皇極經世之值年卦來看，由嘉慶元年至八年，值卦乾之夬上六爻。卦辭為：「無號，終，有凶。」號者，號令也。無號者，有號令不行之象，是故有凶，亦暗示有叛亂之事。而果然，嘉慶登位之後，內亂紛起。

嘉慶登基之時，乾隆仍未去世，即位之後，太上皇仍不時御殿受朝，凡軍國大事皆由乾隆主持，所以，那個時候，他不啻是一名傀儡皇帝而已。

到嘉慶四年正月，乾隆皇才病逝。

乾隆剛去世，嘉慶第一件事就是清算權臣和珅，以二十條大罪把他處死。第一條罪就是洩漏乾隆冊封皇太子之機密，指和珅於冊封之前一日，以玉如意呈獻給嘉慶作為賀禮，以擁戴為功。

當日和珅被抄家，家財達八萬萬両，可見其搜刮民脂民膏之厲害，而這些錢財，自然判令充公，故民間時有民謠唱：「和珅一倒，嘉慶吃飽！」

亂事紛起　蔓延五省

嘉慶登基後，亂事紛起不絕，正應了卦辭之「無號，終，凶」。

而其實嘉慶年間之亂事，多半是由乾隆種因而致的。乾隆中葉以後，因信任和珅，貪污盛行，以致民生艱難，由這時起，就隱伏了亂事紛起的危機。由乾隆三十九年起，已逐漸的顯現出來，當年已有山東王倫之亂；乾隆四十六年，有甘肅蘭州之回亂；乾隆四十八年，有甘肅通渭縣石峰堡之回亂；到乾隆六十年，又有湘貴間之苗亂。雖不久這些亂事都被平定，但已顯現社會的不安了。

到嘉慶即位之後，接着就有白蓮教之亂，九年之間，蔓延五省，從此亂事紛起，清室的氣數，也由此日漸走向下坡。

追本尋源，白蓮教並非在清代才有。白蓮教是帶有宗教性的秘密組織，元朝時已有，以燒香祈禱唸咒治病，在窮苦的農業社會，在農民無甚知識的情況下，極易取得農民的信仰，因而把勢力積聚下來。

不過白蓮教在元朝時，是以反元的名義作亂，說甚麼驅除胡虜，光復中國。後來朱元璋滅元之後，白蓮教的活動便不能以上述名義作亂，故暫時停止，但到明熹宗天啓年間，白蓮教又再死灰復燃，蔓延多省，但不久又被平定，白蓮教再次銷聲匿跡。

直到乾隆末年，白蓮教又從靜止中再度活躍起來，終致嘉慶年間之大亂。

當時白蓮教詭稱他們的教徒王發生為明太祖朱元璋之後裔，到處以反清復明為口號煽動人民作亂，由於帶有民族思想，知識水平較低和不滿於清朝統治的人便不免為其所動。

到嘉慶元年，白蓮教教徒聶傑人等以「官逼民反」為號召，起事於荊州，數月間即獲得多個省份的響應，一時間湖北、四川、河南、陝西至甘肅等地，都相繼作亂，清室為此而大傷腦筋，亂事持續九年，清室耗費軍費無算，據云達二萬萬両。直到嘉慶九年方告平定。但此亂事之後，清室之元氣已大傷了。

叛徒猖獗　攻入大內

嘉慶年間，可說亂事接二連三，始有白蓮教之亂，接着有東南沿海海盜之騷擾，平定後不久，又有天理教之變。

天理教為白蓮教支派之一，信仰者多為社會下層人士，天理教藉反清復明的名義，巧立名目斂財，作風與白蓮教十分相似。

當時天理教之領袖有兩人，一為直隸大興縣之林清，一為河南滑縣之李文成。在嘉慶十八年，天理教曾有賄通三名太監作內應，攻入宮中驚人之舉。

話說在嘉慶十六年秋，西北角天上忽然出現一顆彗星，欽天監奏曰：「星象主兵，應預先防備。」嘉慶帝便問：「星象應在何時？」欽天監反覆細查後對嘉慶說，亂事應在嘉慶十八年閏八月中，並建議將嘉慶十八年的閏八月移改到嘉慶十九年閏二月，或可消弭星象所顯示之事云。結果嘉慶准奏。

此消息傳出後，天理教的教徒大喜，說清朝不利於閏八月，又說他們的經文中有「二八中秋，黃花落地」之句，都是顯示對清朝不利的，便認為最宜於嘉慶十八年九月十五日起事，也就是本來的閏八月十五日。

天理教大興縣之林清與滑縣之李文成就在那兩年內積極籌備，招兵買馬，希望到時一舉功成，攻入大內。

到嘉慶十八年的七月下旬，嘉慶帝秋狩木蘭，天理教徒更認為是天予時機。但人算不如天算，到九月時，李文成突在滑縣被捕，雖然後來為教徒救回及殺了知縣，但已誤了與林清響應攻入大內之事。

而林清一直不知李文成栽在縣官手裏的事，到九月十五日之夜，便率教徒二百人，分用白巾裹頭為記，由太監劉金作內應，分作兩隊進攻東華門及西華門。東華門守軍見教徒湧入，立即關閉城門，教徒得入者僅十餘人。而向西華門湧入的教徒則成功入內，更反關拒絕禁軍，一路趨入，曲折盤旋，但到底對宮內情況不熟悉，東南西北的亂闖。

禁宮之變　嘉慶罪己

天理教徒在殺入宮中後，由於對宮內情況不熟悉，四處亂闖，直至太監閻進喜出來接應，指引他們向西殺去。但閻進喜作賊心虛，只是向西一指之後就匆匆離去。

天理教徒心目中以為殺入宮內，可以肆意殺掠一番。不料雖然向西衝去，但途中多層樓疊閣，轉得幾個彎又迷了方向，結果闖入「文穎館」與「上衣監」等藏書及藏衣服等地方。始終不得要領，便索性分頭亂闖。

這時宮裏人聲鼎沸，教徒喊殺連天，住在詡寧宮、永和宮、咸福宮的一些妃嬪，有膽小的甚至投井自殺。

有好幾個教徒直闖到隆宗門，見門已閉，便打算爬牆而入。

皇二子綿寧（即日後的道光皇帝）與貝勒綿志，早已從夢中驚醒並知道有賊徒闖入宮中，分別持着鳥槍在該處守衛，見有人爬牆而入，立即開槍射擊，立斃三人，其餘諸教徒聽見槍聲及見到三名同黨死於槍下之後，都不敢再爬牆而入。

相持不久，諸王大臣紛紛率兵趕至，教徒闖入宮中者全部被擒。

事後清室下令大搜捕行動，天理教教徒紛各尋藏身之所。

過了幾天，天理教的領袖之一林清落網。

此時，嘉慶帝已由木蘭兼程趕回京師。下令嚴訊被捕之七十六名天理教教徒。結果，查出事發時有太監劉金、高廣祿、閻進喜三人作為內應。

這批人自然全部被戮收場，而禁宮之變亦告一段落。

事後嘉慶封皇次子綿寧為智親王，每年加給俸銀一萬二千兩，綿志則加封郡王銜，每年加給俸銀一千兩，並每人賞一件貂褂與一個碧玉斑指。

隨着嘉慶更為此事下詔罪己，說甚麼自己承皇考付託，兢兢業業，不敢暇豫。說清朝自定鼎中原後，列祖列宗愛民如子，而本人亦無虐民之事，故不知為何會有這次變故，惟有自責「德涼衍積」，致有禁宮之變！

圓明園中　嘉慶遇刺

京師之變平定後，但天理教另一領袖李文成仍據滑縣等地，並且大肆招兵買馬。嘉慶帝為此事而十分擔心，深恐亂事擴大，遂集中精鋭往剿，終於平定滑縣等地，李文成出走，為清軍截擊，恐懼而自焚死。清軍於此役殺天理教徒達二萬餘人。

正是一波未平一波又起，在平定滑縣天理教之亂後，陝西又有所謂「箱工之變」，當地的木工伕役，因歲饑停工，四出劫掠，其中有最兇悍者名「萬五」，乘機煽動，聚衆數千人。嘉慶派兵往剿，終於嘉慶十九年擒獲其首領「萬五」，磔於軍前，不久亂事亦告平定。

嘉慶登基後，不但亂事紛起，他本人亦曾經被人行刺過一次。

話說在嘉慶八年間，嘉慶有一次到圓明園去，突然為內務府的一名廚役，名字叫成得者行刺。當然變起肘腋，嘉慶猝不及防，幾為所算，幸侍衛某額駙勇力絶倫，成得不敵被捕，變成一場虛驚。

嘉慶命王大臣及六部九卿會訊兇手，而兇手成得一直不肯招供是誰指使，只說：「事若成，則公等所坐之處，即我坐處而已。」

會訊此案者向嘉慶報告後，嘉慶就下令把兇手成得及其二子處死。

在處決時，把成得帶到菜市，縛在樁上，隨牽其二子至，一年十六，一年十四，貌皆韶秀，被捕時尚在塾中讀書也。促令他們向成得叩首，叩畢先就刑，成得閉目不視。

在兩子被戮後，劊子手即把成得凌遲處死，先割耳鼻及乳，從左臂刮魚鱗式的碎割，次及右臂以至胸背，在割完上體後，兇手成得忽張目呼劊子手快些再割，但監刑者對他說：「皇上有旨，要你多受點罪。」成得遂閉目不言，不久便死去。

兇手成得雖死去，但是誰指使，一直無法知道，到嘉慶十八年秋，天理教變亂時，捕獲一名天理教之黨徒，無意中得悉他與成得有深厚的關係，方知道兇手成得原來是天理教的教徒。

八旗子弟　生計日蹙

清兵在入關之初，本來是驍勇善戰的勁旅，但入關之後，清室對八旗子弟兵過於優待，使到他們完全可以不勞而獲。結果，只十餘年光景下來，到康熙年間時，已不少旗人習於奢華的生活，鮮衣美食，不事生產，更多嗜好鬥鵪鶉、鬥蟋蟀等玩藝，終日遊手好閒，以玩耍為樂，不但使戰鬥力削弱和銷磨鬥志，生計亦漸艱難。國家雖在近畿圈有旗產有口糧月餉供給，遇到國家有慶典更多獲恩賜。只是，八旗人在怠惰和奢華成習之後，這一切都無法滿足他們，故不少人典田賣地和借貸，漸而致生計日蹙。

康熙時曾撥款千餘萬両救助窮困之旗人，但無補於事。雍正時，旗人更窮，清室雖屢賞賜或撥款補助，但旗人得錢財後每即花盡，故窮困如故。而旗民之人口又日漸增加，到嘉慶十七年時，旗民的人口比入關時增加了七八倍，但財產並無增加，此亦為八旗生計日蹙之原因。

對於旗人人口之增加，雍正常慮及此，曾議遷移過剩戶口於滿洲，但未實行。乾隆初年重提舊議，結果在乾隆六年實行，先徙八旗人口三千人至吉林等地，每戶給以車馬牛種約百餘金。但旗人過慣在京師的生活，不甘到邊塞屯田，所以，不久就索性把所得到之地賣給當地漢人，而自己則溜回北京去。移徙滿人戶口之議，至此便告全盤失敗。

至嘉慶年間，清軍更為腐敗，幾乎已完全失去戰鬥能力。在嘉慶四年白蓮教亂事之後，經略勒保曾奏稱：「健鋭火器兩營京兵，不習勞苦，不受約束……距達州七十里之地，行二日方至。」清楚説明了旗兵此時的戰鬥力與軍紀已到無可救藥的田地。

由嘉慶十九年至廿五年，皇極經世值卦遯之姤卦九二爻，「包有魚，无咎，不利賓」。包者包賣包攬也，魚者魚肉也，喻無力抵抗，任人欺淩，這卦象實在太吻合了！

終嘉慶一朝，亂事紛起，雖然一一平定，但清室已由此而大傷元氣，以後便日漸走向沒落。嘉慶在位廿五年，前三年大權仍在太上皇乾隆之手，至嘉慶四年正月乾隆病逝，他然後才正式執掌政權，但終其一生，並無任何特殊之建樹。而《清史稿》之稱他「鋤奸登善，削平逋寇，捕治海盜」，不啻是説明了他在位期間，忙於平定賊寇，在政績上自然欠奉了。

嘉慶死於嘉慶廿五年七月，當時他赴熱河準備秋獮，不料途中感暑，卧病於熱河的避暑山莊，接着病勢加劇，終告不治。享年六十一歲，廟號仁宗。在他彌留之時，宣示傳位於皇次子綿寧，是為道光皇帝。

道光登基　外患隨來

道光生於一七八二年，乾隆四十七年八月初八日寅時，陽曆為九月十四日。

他的四柱八字為：壬寅、己酉、壬申、壬寅。命理名家徐樂吾評他的八字為：辛金秉令，官清印正，身旺四柱無才，用印而不用官，八歲起運，癸運辛巳年登基，年已四十矣！巳酉會合，正印當旺也，癸丑運尚平穩，甲運之後，金木尅戰，內亂迭起，國本動搖……卯運破酉而終，在位廿九年，享壽六十八歲。

若以紫微斗數而論，他的星盤命宮並無大星相守，雖有昌曲夾拱，但對宮武曲化忌正照，兼福德宮會遇空劫及兩煞並照，是為聰明中有糊塗，糊塗中有聰明，且欠缺魄力，自非上佳之造。

在嘉慶之時，有的是內憂而已，但到道光之後，外患就接着而來，而慘嘗戰敗之辱，迫簽城下之盟，割地賠款，都是始自道光的。如鴉片戰爭、著名的《南京條約》，割讓香港，就是在道光年間發生的。道光才智平庸，且乏知人之明，登位之初雖有心勵精圖治，但用人不當，不單只未能整飭綱紀，且使朝政腐化下去，而「太平天國」亦在道光年間醞釀起來和爆發於道光三十年。擾攘十六年，中經咸豐十一年至同治四年然後平定。

信任佞臣　朝政腐敗

道光即位之初，頗有勵精圖治之想，只是他才智並無過人之處，雖有小聰明但卻是糊塗之人。所以，終道光一朝，朝政不但只沒有進步，而且因為用人不當，信任佞臣，使朝政更為腐化下去。清室的頹勢至此畢露。

道光皇帝最信任兩人，其一為曹振鏞，另一則為穆彰阿，兩人都是才德俱不備之人，但對人圓滑，懂得窺伺帝意，甚獲道光皇帝的寵信。

道光皇帝並不能幹，亦欠魄力，他初登極時，見每日奏本之多，高達數尺，看見已眉頭皺，而且各奏本之字多為蠅頭小書，使道光窮日夜之力，亦無法全部看完。如果不看，又怕人欺蒙他。所以他曾為此事問過曹振鏞，應如何處理。而曹振鏞確有佞臣的本色，居然教道光皇帝一種「偷雞」的辦法，而又獲得道光讚許，可云妙矣。

曹振鏞對道光皇帝說：「皇上可在有暇之時，隨便抽閱數本，見有點畫錯誤者，用朱筆圈出，發出之後，臣下傳觀，便會誤以為皇帝看奏本看得十分精細，巨細無遺，自不敢怠忽從事矣。」

道光對於曹振鏞提出這種「出術」的辦法，不但沒有責備他，反而接受他的建議，果然真的用這種辦法來批閱奏章，是聰明中之糊塗也。

在道光之前，朝政得失，尚有大臣敢直諫，而道光期間，大臣多唯諾從事，亦由曹振鏞而致的。

據說對言官之直言，道光曾厭其多事，而曹振鏞窺知帝意，便對道光說：「今天下承平，臣工好作危言，指陳闕失，以邀時譽，若遽罪之，則蒙拒諫之名。故惟有摘其細故舛謬者，交部嚴議，則臣下震於聖明，以為察及秋毫，自莫敢或縱。」

這又是另一種的「出術」，教皇帝對直言者吹毛求疵。道光果又接納這個辦法，一時間被譴責之大臣甚多，結果各人惶懼，不再敢言朝政之得失，道光一朝的政治就由此一直腐敗下去。

朝廷流行　縫補破褲

道光皇帝才智平庸，惟可取之處是力崇儉約。

據說他即位之初，內府循例備御用墨硯四十個，背鐫有「道光御用」四字，道光認為太多，閒置可惜，因而分賜各大臣，只留一二自己用。

當時皇帝所用之筆稱為御用筆，過去一直是選用紫毫之最硬者，筆管上多刻上「天章雲漢」等字，道光皇帝覺得不合用，便令以民間習用者進，試用之後，選取純羊毫及兼毫兩種，下令仿造作為御用。

又據說他有一件黑狐端罩，襯緞稍闊，有一日他令內侍拿出來，準備四周添皮，內府報稱需銀千兩。道光皇帝馬上覺得太貴，便諭令勿添。翌日更把這事對軍機大臣說及。而此後，十餘年內，京官都極少穿狐裘披風，蓋怕皇帝責其奢侈浪費。

道光之極度儉約，正是廣東人所說之「孤寒」，而他的孤寒，也鬧過笑話。

話說他日常所穿着的一條套褲，在近膝蓋之處破了一個洞，但仍捨不得拋棄，令人在破洞之處綴補一圓綢。

不料這種縫補破衣服的辦法，那時稱為「打掌」的，卻被一些阿諛奉承的大臣作為討好道光皇帝的辦法，也紛紛在套褲上近膝蓋之處補一圓綢，似是流行的時裝那樣，亦云妙矣。

而最懂窺伺帝意的曹振鏞自不例外。有一天，道光皇召見軍機大臣，時曹振鏞跪近御座，道光皇帝見他露出套褲上也綴補有一塊圓綢，便問曹振鏞曰：「你的套褲也『打掌』乎？」曹振鏞這時便乘機作態說：「做新衣服的費用甚貴，能補的則補。」目的是向道光說明自己也是十分節儉，以獲道光的信任而已。

不料道光皇帝再問曰：「你的衣服打掌要多少錢。」曹振鏞其實不知價錢。良久不能答，後來說約需銀三錢。道光嘆曰：「外間的東西可真便宜，而我們補一條褲也需銀五両。」而此後內侍要揩油水就更艱難矣！

道光皇后　疑被鴆殺

終道光一朝，宮闈內的秘聞，野史所記甚多，如皇后之殺死妃子，後來皇后又為皇太后下毒所殺等。

據說道光皇帝在宮中最寵愛的，是皇后鈕鈷祿氏與靜妃及蕊香妃，初時各人平分春色，倒沒有甚麼。但到後來，道光似乎對蕊香妃更好，而引起皇后鈕鈷祿氏妒恨交加，一道懿旨借題把蕊香妃賜死，首開清室皇宮中皇后殺妃之例。

不料皇后殺死蕊香妃之後，自己卻被皇太后毒死。亦報應也！

話說皇后鈕鈷祿氏，原為侍衛頤齡之女兒，幼時嘗隨官至蘇州，學得蘇州女兒家所玩的七巧板玩意，並有所發明，艷名慧質，傳誦一時。至道光九年選秀女，頤齡把女兒送入，為道光選中，且得恩寵，獲封為貴人，不一年就升為嬪，再一年復升為妃，並賜號為全妃，至道光十一年更生了一子，取名奕詝，即日後的咸豐帝。

道光十二年皇后佟氏病故，鈕鈷祿氏被封為皇貴妃，至道光十四年被正式冊立為皇后，總攝六宮事務。

至道光十五年，皇太后六旬大壽，道光帝親作壽頌十章為賀，而皇后鈕鈷祿氏因亦懂詩詞歌賦，一時興起，便恭和御詩十章獻上太后，不料這便招來殺身之禍。皇太后對皇后之聰慧過人，竟也不滿，有一日，太后對道光說：「婦女以德為重，德厚乃能載福，若仗一點才藝，恐非福相。」

不意這番說話，不知如何傳到皇后鈕鈷祿氏的耳中，因而婆媳間便有了嫌隙，而皇后此後便常對皇太后譏刺甚至頂撞，而太后亦不示弱，宮廷間蜚語流言從此漸多。

到道光九年臘月，皇后偶患寒熱，到過新年時，病告初癒，到太后前叩頭賀喜。不料過了兩日，太后特派太監賜皇后一瓶旨酒，皇后謝恩後把酒酌飲，覺得甜美，便一飲而盡。到夜間，皇后便崩逝了。

而太后鴆殺皇后之傳聞，由此盛傳起來，成為宮闈內之千秋疑案。

夫妻難聚　公主上訴

在道光一朝，大臣唯唯諾諾者多，敢言者少，但他的女兒大公主卻是一位敢作敢為的人。

按清室制度，公主出嫁，即賜以府第，不與翁姑同居，翁姑且要以帝禮謁其媳。而駙馬則居府中外舍，公主不宣召，不得共枕蓆。

由於府中有保母，所謂「管家婆」是也，公主若宣召駙馬，必須通過保母。但歷來的保母都貪財，公主若不賄之，即有所宣召，亦每多阻攔，甚至責以「不知羞」。

所以公主與駙馬每相聚一次，必花一些賄款，始可通行無阻。而當時之女子多柔懦和面皮薄，因此雖受保母所制，入宮見母，亦不敢宣揚此事。

所以有清一代公主極少生子者，有亦多為駙馬側室所出。若公主先駙馬死，則逐駙馬出府，將府第房屋器用衣飾全數入於宮中，除屋宇外，保母從中所得每每甚豐。

據說清室公主十之八九相思而死，子女眾多而夫婦相得如民間夫婦者，僅得道光皇帝之大公主與駙馬符珍矣。據說大公主初嫁時，每召駙馬，亦恆為保母所阻，年餘未見一面，怒甚，但忍而不言。

一日大公主入宮，跪道光前泣訴曰：「父皇究將臣女嫁與何人？」道光曰：「符珍非你丈夫耶？」公主曰：「符珍到底犯了甚麼錯？臣女已嫁一年，從未見過他也。」道光奇而問曰：「何以不見？」

這時大公主斗着膽的說：「保母不使臣女見也。」道光曰：「你夫婦之事，保母焉得管？你自己作主可也。」公主得命回府，立斥保母，以後召符珍入，保母不敢再攔阻，而大公主夫婦亦伉麗情篤，生子女八人。

過去公主與駙馬之相隔，皇帝多不知道，無人敢如大公主之「厚着面皮」索夫，故為保母所乘，更有容忍自傷而死者，故道光之大公主，野史稱之為「女中豪傑」，容或誇大，但到底不失為敢作敢為之人。

《南京條約》喪權辱國

在道光年間發生之最大事件，自然是鴉片戰爭的爆發與簽立喪權辱國的南京條約。鴉片之在中國，初時是作為一種治痢疾的藥物，到明朝時，開始有人作煙草吸食。明末清初的鴉片多由葡萄牙人運來，只是數量不多，為害不大。雍正七年，每年約輸入二百箱，每箱平均一百四十磅。但以後吸食鴉片的中國人愈來愈多，而鴉片之輸入亦年年上增，至道光十五年間，平均每年輸入鴉片已達三萬五千四百餘箱，增幅實在驚人。

而英國當時把印度之鴉片輸入中國，所獲利益極大，以鴉片換取中國之白銀，購買中國之絲茶運銷西歐，從而賺得更多白銀，接着再推廣在印度方面鴉片之種植。所以，中國厲行禁煙，派林則徐到廣東，迫英人交出鴉片二萬餘箱焚燬，英國人便不惜一戰了。

英兵於道光二十年先後侵擾粵閩沿海等地，進陷定海，再派人北上遞國書。時道光聽信讒言，竟然罷黜林則徐，命琦善代其位。琦善畏禍，力主和議，結果與英國簽訂休戰條約，私自接受英國要求割讓香港。道光後來知道此事大怒，下令把琦善革職及抄家，改派奕山等赴粵接辦其事。

英國因所求不遂，即行進佔虎門等炮台，再擾廣東，奕山大懼，又與英人再簽休戰條約，但把割讓香港之事瞞着道光，後來道光着令他把英人逐出香港時，他覆奏說：「香港地方，洋人並不久留。」但事實當時英人已在香港設立行政廳，開山鑿路大事發展了。

到道光廿一年，英國派砵典乍東來，指揮船隊北犯，並訓示他務要重創中國，使中國驚懼，到中國要議和時，要求中國割讓香港、多開商埠及大量賠款等便可一一達到。以當時清廷之兵力，當然不敵英人之炮火，卒於道光廿二年七月廿四日簽訂了喪權辱國之《南京條約》。首開中國割地賠款之例，以致日後外患接踵而來。

割地賠款　首開惡例

《南京條約》簽訂於道光廿二年七月廿四日（西曆為一八四二年八月廿九日），其重要之條款包括有：

（一）中國割讓香港予英國；

（二）五口通商，開廣州、福州、廈門、寧波、上海為商埠，許英國派領事居住；

（三）賠軍費一千二百萬両，商欠三百萬両及煙價六百萬両；

（四）協定關稅。

當時清廷只知割地賠款為最大之兩項損失，而不知道「協定關稅」，使中國失去關稅自主權，遺害亦甚大，既無法利用關稅來保護自己的貨物之外，更不能藉關稅來阻止無益貨物之輸入。

而最使人感到心痛者，是在《南京條約》簽訂後，雙方再訂定善後章程八條，其中竟有規定英國商民在中國境內犯事，中國無權審判，要交回英領事訊究。這就是嚴重損害一個國家主權的所謂「領事裁判權」。

由於《南京條約》有五口通商的規定，中英又再會商通商的章程，規定英國兵船可停在上述港口，以約束水手人等，如此一來，英國軍艦便可自由駛入中國港口。其後通商口岸愈開愈多，不少是內河沿岸的，結果英艦不單只可以自由來往中國沿海，而且還可深入內地，自由航行於內河。使中國完全暴露於外，全無國防可言。

到道光廿三年十月，中英又再談通商的附例，是為《南京條約》的續約，因在虎門舉行，故亦稱為《虎門條約》，規定英人可在五口通商的地方租地建屋或租屋居住。而租界之開始，即以此約為根據。更規定中國以後有任何新恩施於其他國家，英國亦佔一份，這便是所謂「最惠國待遇」。此例一開，日後的法美等國與中國訂約，均作同樣的要求。任何一國在中國取得某些利益，其餘各國便提出同樣待遇，這種「最惠國待遇」，是為不平等條約中之最慘者，使到中國體無完膚。

積弱太深　和戰兩難

清室在鴉片戰爭之前，採取的是傳統的閉關主義。但戰敗之後，中國的大門便被英國人打開，西歐帝國主義者蜂擁而來，不顧公理，藉武力使清廷簽下不少的不平等條約，大有瓜分中國和使中國淪為次殖民地之勢，使中國人蒙受到史無前例的災難。

在中英因鴉片輸入發生糾紛時，朝廷內分有主戰和主和兩派。而主和最力者就是道光所寵信的佞臣穆彰阿，他恐懼戰爭，力主和議，要道光皇帝把林則徐革職，遣戍伊犁。

大學士王鼎曾為此事力爭，甚至出到屍諫，依然無效。王鼎與道光及穆彰阿力爭之後，曾回家閉門寫遺疏，洋洋數千言，力斥和議，並痛劾穆彰阿之欺君誤國，並請重用林則徐，寫畢之後即自縊而死。

但此事給穆彰阿知道，即遣人至王鼎家，恐嚇王鼎的兒子說皇帝尚在盛怒之中，若以遺疏呈上，必蒙受不利。王鼎的兒子信其言，果然毀去父親所寫的遺疏，改報暴死。

而主戰者當時雖然得不到道光皇帝之同意，但論史者都給主戰者好評，把主和者看作是賣國。

但事實清代到道光一朝時，由於前朝積弊過深，貪污盛行，內亂頻生，若無外患之來，或者還可希望遇到明君，慢慢整頓。只是道光既昏庸，外患又接踵而來，中國在積弱之下，難與為敵，自然任人宰割了。

亦有人認為清室之閉關政策，也是導致中國無知與落後的原因。

在乾隆中葉之時，歐洲國家已出現了工業革命，蒸汽機、紡織機等相繼發明，工業日漸機械化，槍炮船隻等製造日漸精進，物質文明在道光年間時已經遠遠超越中國。

而清室仍閉關自守以「天朝」自居，對外邊事物一無所知。到受到侵略時方知外人槍炮之犀利，此時言戰，是亦難也。

道光建陵 一波三折

道光皇帝死於道光三十年（一八五〇年）正月，享壽六十八歲，在位二十九年。廟號宣宗。傳位於四皇子奕詝，是為咸豐。道光死後葬在慕陵，地點在清室皇陵區西陵的左下方。

道光皇帝之葬在慕陵，其間也經過一番的周折。

清室的皇陵區，最早的是東陵，是由順治選定的，順治與康熙都是葬在那裏。但到雍正時，雍正卻另選了西陵，此後清室的皇陵區便有東陵與西陵之分。

本來，清室初時的制度是「子隨父葬」，照理雍正也應葬在東陵才對。但據說雍正的帝位是由詐騙的手段得來，無面目在地下與父親康熙相見，所以就躲得遠遠的，另選吉地西陵來興建陵墓。雍正此舉，打破了「子隨父葬」的制度，變成「父子東西分葬」。到乾隆時，乾隆的陵墓建在東陵，是執行了「父子東西分葬」的制度。所以，在嘉慶元年時，乾隆當時是太上皇，就諭令嘉慶到西陵區選擇吉地興建陵墓，而嘉慶的陵墓昌陵，就是在西陵區。

按理，到道光時，道光的陵墓就應興建在東陵區才對，才是「父子東西分葬」。

不料這個制度又給道光打破了。

此事的過程是，當道光登基時，年已四十歲，原先他有意遵照「父子東西分葬」的制度，所以在東陵區內選擇吉地。

他派出了莊親王綿課、大學士戴均元、尚書英和等人，帶領風水師宋泗等到東陵區選擇吉地。結果，一行人等經過一段時間的勘測，最後終於給他們找到一塊認為風水上好的吉地，向道光皇帝奏報。獲賜名為寶華峪，開始興建道光的陵墓。不料開工不久，這塊吉地出現了問題，而負責選擇吉地的莊親王綿課、大學士戴均元、尚書英和與風水師宋泗等人被道光大罵「喪盡天良」、「居心可惡」，因為開出來的墓地竟是……

墓穴有水　道光震怒

道光的陵墓於道光元年十月十日卯時開工，在開工前，風水師宋泗、穆克登、阿克當阿等人一再勘察。三人中的功力以宋泗為最高。在定穴之時，宋泗認為總穴太後，恐怕穴中有石，建議向前移十丈。但戴均元與其他參與測度風水的人，拘於陵寢規制，不聽宋泗的勸告，僅僅前移了五丈、結果地下開出水石，在道光八年即將完工時，地宮有了浸水情形。

道光皇帝接到奏報，親自到陵地查看，發現地宮之水痕達一尺六七寸高，有似一個小水池，將來棺材放下去，豈不盡濕。

道光皇帝見此情形，便大罵負責人等「喪盡天良」、「昧良負恩」、「居心可惡」，大怒之下，降旨全部革職，交刑部拿問。

結果，戴均元抄家問罪，英和充軍黑龍江，兩名兒子也隨着父親到黑龍江去充當苦差。陵墓的總監牛坤發充伊犁，綿課罰賠銀十萬両，參與測度風水的穆克登及阿克當阿分別判罰款三萬両及四萬両，計大小有關負責興建陵墓的人，共要賠出款項二十餘萬兩，並且限期完繳，不得延誤。

（按：本來陵穴有水，以風水學來說，並不一定是風水不好的，是要看水質的情形而定，有一種風水穴稱為「油浸金」的，就是有水的陵穴，葬後骨殖會變為金黃色，是為大發子孫的陵穴。只是一般人對墓穴有水，都有一種顧忌的心理。我曾把這事對一些朋友說過，居然有愛開玩笑的朋友說：「那豈不變了煲湯！」）

道光皇帝對風水之道，懂或不懂，無法知道。但可以肯定，他見到墓穴有水，就認為風水大壞，因而大發雷霆，致負責人等被抄家定罪、充軍、賠款等。可見在封建皇朝，替皇帝做事確實不易，稍有差錯，或者不是差錯，只要皇帝不滿意，性命堪虞，所以才有人說「伴君如伴虎」。

自這次差錯後，道光皇帝便決定放棄寶華峪，另擇吉地。

天設吉地　實屬有待？

道光皇帝原擬在寶華峪興建的陵寢，由於發現墓穴有水而放棄後，就重新再派大臣禧恩去替他選尋風水吉地，並要他在找到理想的風水地之後，先行繪圖奏報。然後道光皇帝就把繪圖交給懂風水的大臣去複勘，比第一次選風水地時謹慎得多了。

同時他也叫直隸總督那彥成帶着風水師分頭尋找。不久，大臣繪圖奏報說在裕陵（即乾隆的陵寢，在東陵區）之西側的平安峪，是一片上上的吉地。但道光皇帝可能是第一次在東陵區建陵出了差錯，所以對東陵的風水有偏見，儘管大臣說如何如何好，但他自己就是怎樣看也總覺不合意。

從道光十年二月至道光十一年二月，整整花了一年時間，勘察了不少地方，最後才選定西陵區內的龍泉峪。這下子又打破了乾隆所訂下的「父子東西分葬」的定例了。

而更妙的是，道光皇帝怎麼看也不鍾意的平安峪，日後卻給他的兒子咸豐看中了。

在咸豐登基時，依照國家規例，立即派員選擇風水吉地興建陵寢。咸豐帝所派出的大臣，繪圖奏報說好風水的地方，竟然就是道光皇帝放棄了的平安峪。

咸豐接到奏報，初時有點狐疑，便再派懂風水的大臣去複勘。結果，大臣的回報都說那裏實在是風水吉地，並對咸豐帝說：「天設吉地，實屬有待。」似乎是說連他父親道光皇帝也無福氣葬在那裏。

在大臣一再的說那裏是「等待真龍天子」的福地後，咸豐帝終於動搖了，隨着就決定在平安峪建造自己的陵寢，是為定陵。

有人說皇帝選風水地，奉命勘察的風水師都是全國精英，那麼，皇朝應歷久不衰才是，為甚麼也會有沒落之日呢？這是不懂風水的人的說話。地運有變，能三元（一百八十年）不替的，已很了不起了，更何況有如河流改道等自然環境和天數的改變等。

第六章

統治基礎嚴重震損的一代

——短命皇帝咸豐

咸豐登基　外患日亟

道光皇帝駕崩後，傳位於四皇子奕詝，是為咸豐。咸豐生於道光十一年六月初九日丑時（陽曆為一八三一年七月十七日）。

他的四柱八字是：辛卯、乙未、己丑、乙丑。命理名家徐樂吾認為此造是「身旺用殺，假殺為權，六月土燥木枯，無水以潤澤之，嫌辛金緊剋，非統御全局之命也。內亂外患，不亡幸矣！三歲起運，已運辛亥年廿一歲登基，蓋巳丑合，亥卯未全會木局也。在位十一年，至壬辰運辛酉年，辰酉合金剋乙沖印，用神傷盡，不祿宜矣」。

若以紫微斗數而論，咸豐帝的星盤是巨門化祿在午宮守命，太陽化權守事業宮，驟眼看來似乎甚好。但事實，巨門在午宮是為石中隱玉格，雖然化祿亦不宜獨當一面，且會照空劫與事業宮見兩惡煞，難怪在位期間，內外患齊來。內既有太平天國之亂、捻黨之亂、回民之亂，外則有英法聯軍之役，十一年間無時不在兵荒馬亂之中，生靈塗炭。而清室自咸豐以後，外患日亟，隱憂極多，已潛伏了滅亡的危機，而接着而來的皇帝，盡是昏庸之輩，清室的氣數至此已清楚的顯示走向滅亡了。

咸豐的命宮，更會照到有紅鸞、咸池、地劫、天姚、天魁、天喜、天鉞等星，可說桃花甚旺。

咸豐帝在內憂外患期間，仍然縱情色慾，以致死於癆病，享年才三十一歲，在位僅十一年，享祚既短，也屬短命。

咸豐帝是道光皇帝的孝全皇后所生，據傳孝全皇后是為太后以毒酒毒死的。在孝全皇后死後，道光皇帝就已有意立他為皇儲。但據說後來不知怎的又想立皇六子。對於立儲之事，據說道光皇帝曾一再猶豫不決，心中雖想立皇六子，但對孝全皇后之死始終未能釋懷，倘不立皇四子奕詝（咸豐），總覺有些過不去。而咸豐之終於抵定大局，也有一段故事的。

略施小計　得傳帝位

咸豐之得到帝位，也是經過一些詭計的。不過，這些詭計，自是比雍正奪嫡的手段小兒科得多了。

話說道光皇帝在立儲問題有所猶豫之時，授皇子讀書的侍讀學士杜受田，對咸豐的感情最好，他極希望咸豐能得傳帝位，那麼自己就可穩為傅相。所以在道光帝舉棋不定的時候，他顯得特別關懷和想辦法使咸豐得承大統。

終於機會來了，道光皇帝命諸皇子到南苑狩獵，杜受田便對咸豐面授機宜，教他如何如何。

到圍場時，諸皇子興高采烈的爭先馳逐，獨咸豐一人呆坐一隅，隨從人員亦垂手而立。諸皇子中有感到奇怪者，便走去問他為何不參加馳獵，他只推說覺得身體有點不舒服，所以不敢馳逐，靜坐一旁休息。

獵了一日，各人回宮覆命，諸皇子皆有獵物，而皇六子奕訢的獵物更多，入報時面露得意之狀。惟咸豐兩手空空，別無一物。

道光皇帝見此情形，便怒問咸豐曰：「你去馳獵了整天，為甚麼一點東西也沒有獵到。」

咸豐從容稟曰：「子臣雖不肖，若馳獵一日，當不是一物沒有。但時當春和，鳥獸方在孕育，子臣不忍傷害生命，致干天和，且很不願就一日弓馬，與諸弟爭勝。」

道光皇帝聽到他這樣說，立即轉怒為喜道：「好！好！看汝不出有此大度，將來可以君人，我放心得下了。」這是說咸豐之假惺惺作態，居然騙得道光皇帝認為他是有度量和慈悲為懷的人。

果然，道光皇帝不久就密書他的名字，藏於金匣之內，立了他為皇儲。

咸豐嗣位後，他知道自己之順利得到帝位，杜受田之面授機宜功不可沒，便立擢杜受田為協辦大學士。一切政務，均常與杜受田磋商，而杜氏之成為咸豐帝所寵信的人物，主因在於曾經略施小計而已！

應試落第　洪秀全反

由咸豐即位起至宣統三年清帝遜位止，史家稱之為清室的衰亡期。在這六十年間，內亂不息，而對外戰爭，無論英法聯軍之役、中日之役、八國聯軍之役，無役不敗。

咸豐登基後，首要的亂事就是洪楊之亂，即太平天國之亂。

道光皇帝死於道光三十年正月，咸豐即位，定明年為咸豐元年。而洪秀全與楊秀清於道光三十年十一月在金田揭竿而起，年份雖然仍是道光的年份，但其時道光皇帝已死，咸豐剛登基了數月。太平天國之亂歷時十六年，由道光三十年起，中經咸豐十一年，至同治四年然後平定。

太平天國崛起的時間，是在鴉片戰爭之後八年。由於鴉片戰爭失敗，訂立喪權辱國之《南京條約》，國人痛恨滿清政府之懦弱無能，推翻滿清之思想漸而濃烈。而當時農民的生活亦太苦，欠缺耕地而失業者日多。所以，太平天國的領袖洪秀全登高一呼，失業農民參加者便不計其數。

洪秀全原名仁坤。廣東花縣人，生於嘉慶十八年，先代以農為業。而洪秀全也非自幼便有革命思想者，他是在當時的科舉制度上，一再應考落第，然後萌生了推翻清朝，由自己做皇帝的野心。

洪秀全幼頗聰穎，父母對他甚為鍾愛，七歲就學，十三歲為童生，十六歲赴廣州應府試，落第而歸。在鄉中設私塾為塾師，教育鄉中的童子。

到年廿四，是年為道光十六年，洪秀全再赴廣州參加考試，仍然落第。但在府試出場後，於歸寓途中，見路旁有西洋教士在宣傳基督教義，立而聽之，並獲贈一些基督教的小冊子，但洪秀全攜冊子返寓後只隨手放在一旁，未有閱讀。

至道光十七年，洪秀全又第三次的到廣州應試，又再名落孫山。

但這次他回家後，在失望與頹喪中生了一場大病，而這場大病就把他整個人和一生的命運都改變了。

夢中升天　更換五臟

洪秀全一連三次的參加府試，均告落第，抑鬱地返回家鄉。可能是過度的失望與頹喪，又或者是在回鄉路上感染風寒，回家後即大病一場，足足病了一個多月。

在病中，洪秀全精神迷惘（現在看來似是發高燒的症狀），口中不斷胡言亂語。

據後來他對人說，在病中曾發了一場十分奇怪的夢，曾見天神召他升天，到天上，有一老婦把他帶到河邊，為其洗淨全身。又有一群聖者，為他剖腹更換五臟。

及後見到一位金色頭髮的老人，授以寶劍，並對他說可以用寶劍剷除妖魔，救濟兄弟姊妹。又有一身材很高的人，說是他的兄長，細心的教導他如何剷除妖魔，還說可以幫他行事。從洪秀全大病時夢中所見，應是精神恍惚所致，或者是夢幻，本來不足為奇。

但洪秀全病癒之後，竟以真命天子自居，行動與言語也與以前不同。他雖然有這樣的妄想，只是為了生活，仍不得不繼續在鄉中擔任塾師，每日與小童為伍。漸漸的，五六年後，他這份妄想漸也隨時間消失了。

至道光廿三年，洪秀全當時已三十一歲，忽然又熱中功名來，再到廣州作第四次的府考，不料又再名落孫山。這次的失敗，對洪秀全的打擊很大，回家後氣憤的把書籍拋在地上，憤激的說：「等我自己來開科取士吧！」自此，便萌起推翻清朝，自作皇帝的野心。這時，洪秀全才拿起以前洋教士贈給他的宣傳基督教教義的小冊子，如《馬太福音》及《耶穌救世記》等書來細閱。

在閱讀這些小冊子時，洪秀全忽然想起數年前的夢，認為夢中所見的金髮老人即是天父上帝，身材高大的人即是耶穌，授以寶劍叫他剷除妖魔，救濟兄弟姊妹，是叫他推翻滿清拯救漢人。

有了這些附會後，洪秀全便果真行動起來。

為籌經費　出術騙人

洪秀全最先聯絡得其表弟馮雲山，後再結識楊秀清、蕭朝貴、韋昌輝、石達開等，並且結拜為異姓兄弟。創「拜上帝會」，奉上帝為天父，耶穌為天兄，是長兄，洪秀全以天父之次子自居，稱為次兄。馮雲山排第三，楊秀清排第四，蕭朝貴排第五，韋昌輝排第六，石達開年紀最輕排第七，金田起事時他才二十歲。

在創立「拜上帝會」後，便開始努力宣傳，訂立章程。不論男女，皆可入會傳教。不論尊卑老幼，凡是男人，統稱兄弟；凡是婦女，統稱姊妹。入會時每人須繳會費五両。

「拜上帝會」規定只可信奉上帝，不祭祖先，並且要除去家中的其他神位，孔子牌位也要毀棄，因此父老們多不以為然。所以，「拜上帝會」在開始之時，加入者並不多，經費亦不足。據野史小說所載，洪秀全為了捏造神話，以求吸引更多人入會，曾扮演過一齣「死人復活」的活劇。

話說洪秀全與馮雲山、蕭朝貴為求吸引更多人入會成為教徒，既可增加勢力亦可增加經費，便商議出一條計策。由洪秀全扮死人，公開說洪秀全因病逝世。

果然消息一出，不少人前來弔唁，教徒中有人致送帛金的，有哭哭啼啼的，洪秀全日間直挺挺的躺在靈堂上，裝成死屍的模樣，任由來人拜祭。晚上各人散去了他就起來與馮雲山、蕭朝貴等人飲酒談心。

直到第七天，他們各人眼看戲也做得差不多了，便把靈堂各物拆去，並把靈牀抬出外面焚燒。這下子驚動了無數鄉民，紛紛前來探問究竟，結果不少愚夫愚婦因此而入了彀。

蕭朝貴大肆宣傳洪秀全死而復活，說是神蹟。隨後更設起講壇，由洪秀全述說自己曾到天堂的經過，天父如何叫他返回塵間拯救世人等。最後就是說清朝氣數已盡，世間將有很大的災難，只有敬拜天父才能趨吉避凶。結果一下子招得不少人入教。

興起既速　滅亡亦快

太平天國興起極速，僅兩年三個月便攻陷南京，定都其間。時清軍屢為所敗，勢力所及者達十六省，六百餘城。但太平天國的滅亡亦快，至同治三年即為曾國藩之湘軍攻破南京，洪秀全以服毒自殺收場。由起事而至滅亡，只有十六年。

史家認為太平天國興起之速，是由於當日滿洲官吏之腐敗無能，農民生活太苦，洪秀全登高一呼，便聚集了盈千盈萬的農民，以推翻清朝為目的。而太平天國滅亡之快，原因雖有多項，而主因是在於內訌。

太平天國建國之初，洪秀全自稱為天王，封楊秀清為東王，蕭朝貴為西王，馮雲山為南王，韋昌輝為北王，石達開為翼王，秦日綱等為丞相。

在道光三十年夏在金田村製造了大批軍械準備起義時，內部即已開始鈎心鬥角。

首先楊秀清施詭計奪取中軍主將（即統帥）之職，把持教務，以天父代言人自居。勾結蕭朝貴等人，擴大自己的勢力。

洪秀全與馮雲山這兩位創教的人，眼見受到楊秀清的威脅，第一步就是以洪宣嬌（洪秀全的胞妹）嫁給蕭朝貴，稱蕭朝貴為「帝婿」，作為籠絡他及提高他的地位，使與楊秀清相等。另一方面盡力培植石達開、韋昌輝、秦日綱等，使他們自成一系，既可牽制楊秀清，又足以抗衡蕭朝貴。

太平天國一開始即有明爭暗鬥，終致醞釀成後來的內訌而致滅亡。

太平天國成立之初，約有教徒二萬餘人，軍紀嚴明。但後來因為增加勢力，收編了一些土匪，至人數達三萬人，於是離開金田，向廣西其他地方發展。到後來，太平軍收編的人數愈來愈多，品流亦更複雜、軍紀漸壞。至後來太平軍所到之處，除任意破壞孔廟，殺戮僧道之外，清兵滿人被殺者無數。破南京之日，搜獲滿洲婦女數千，悉以油燒死，平民無辜死者不可勝數。

東王謀篡　引起內訌

太平天國由金田起義而至攻入武漢、揚州，直至定都南京，不過兩年多一點的時間而已，可謂來勢極速。

但滅亡也快，清廷重用曾國藩、左宗棠、李鴻章等，組織了湘軍、淮軍，分道進攻，加上太平天國的內訌，至同治三年，曾國藩破南京，洪秀全仰藥死，太平王國便告滅亡。

太平天國之各主將，以馮雲山及蕭朝貴最為早死，在咸豐二年分別在全州及長沙之役為清軍發炮轟擊中彈而亡。而內訌則是發生在咸豐六年，當時太平軍在贛鄂兩省連獲勝利，且把曾國藩的水師打得七零八落。

就在這個時候，楊秀清被勝利衝昏了頭腦，起了篡位之心，出計謀調開韋昌輝、石達開與秦日綱，然後迫洪秀全封他為「萬歲」，而與他同謀的是豫王胡以晃。

楊秀清計劃到八月中旬他的生辰之時，登上大寶，如洪秀全到時不肯禪位，即行殺之。

不料胡以晃不知如何突然回心轉意，向洪秀全告密。洪秀全大驚，立即通召韋昌輝、石達開及秦日綱等率師回京救駕。

秦日綱離京較近，最先到南京，只是所率部隊不多，恐人手不足，未敢發難，只有等待韋昌輝回來。

到八月初，韋昌輝帶同精兵數千返抵南京，與秦日綱等夤夜舉行會議，決定以迅雷不及掩耳手法，即夜誅殺楊秀清。

當夜韋昌輝與秦日綱親率精兵，直闖東王府把楊秀清刺死。本來，他們計劃是只殺楊秀清及其兄弟的，但韋昌輝獸性勃發，楊秀清部屬幾無幸免，死亡極衆。楊秀清全家被戮，只有幼子一人漏網。

這次的內訌，太平天國在南京之力量無形中削去一個重要的部份。

但內訌並不是至此而終止，接着而來更鬧到四分五裂，發生更大的自相殘殺，使清廷有機可乘，而太平天國之迅速滅亡主因在此。

攻翼王府　內訌激化

洪秀全在自己的帝位受到楊秀清的威脅時，通召回京救駕的除了秦日綱與韋昌輝外，本來是還有石達開的。

但石達開當時在安慶，離京最遠，故回來最遲。而石達開返抵南京之時，楊秀清全家與部屬早已被誅戮了。

由於此役被殺者甚多，牽連甚廣，石達開對韋昌輝表現不滿，並責韋昌輝濫殺無辜，嗜殺成性，卒至兩人翻臉，不歡而散。

石達開是一位十分機智的人，亦富謀略，與韋昌輝鬧翻後，回家細意思索前因後果，深恐韋昌輝先發制人對他不利，夤夜暗越城牆逃走，返回安慶。

不料韋昌輝果然心狠手辣，即夜發難，親擕精兵圍攻石達開的翼王府，直闖內堂，窮搜石達開而不見，便憤然的盡殺石達開的家屬，石達開妻子亦被衆人砍死。

消息傳抵安慶，石達開聞耗大怒，決意回京報復，乃急召皖贛鄂所屬部隊集中在蕪湖一帶聽命，準備入京找韋昌輝算賬。

而韋昌輝亦同時接獲消息，知石達開準備回來報仇，便命秦日綱率領自己的軍隊去對抗。自己則留在南京部署，由於他的作風比楊秀清更為專擅橫暴，在獨攬大權之下，漸又引致洪秀全不滿。同時韋昌輝又認為洪秀全實在是事事偏袒石達開，終而覺得最好能連洪秀全一併除去。

在心意已決之下，韋昌輝果然作出驚人之舉，率兵圍攻王宮。洪秀全這時只有全力指揮侍衛與韋昌輝周旋到底，並急召近畿軍隊入衛。時韋昌輝之大部份軍隊已隨秦日綱去應付石達開，在人力不足情況下卒為所敗。

結果韋昌輝被殺，後來秦日綱因與韋昌輝份屬同黨，亦被拘處斬。

洪秀全在殺韋昌輝與秦日綱後，便諭石達開回京主政。太平天國發展至此，開國時的功臣名將，大部份戰死的戰死，被殺的被殺了。

被圍糧絕　天王自殺

石達開奉召回京主政後，不料又遇到猜忌。主因是洪秀全經歷了楊秀清、韋昌輝等人之造反後，便不敢過分信賴石達開，而且多方防備，暗使其兄洪仁達干預朝政，並暗中監視石達開。

而洪仁發與洪仁達是並無任何才幹的人，只懂得與石達開為難，並妒忌朝中文武百官對石達開之悅服。

石達開至此，覺得在南京再留下去也於大局無補，也怕遭人暗算。結果率部隊回安慶，準備遠征。

至此，太平天國的東王楊秀清、北王韋昌輝、丞相秦日綱既已被殺，南王馮雲山早於起義不久在全州為清兵炮轟而死，西王蕭朝貴在長沙戰死。東、南、西、北四王無一生存，僅餘翼王石達開又引兵他去。識者都認為太平天國氣數已盡，是走向滅亡之路了。

石達開此行率衆約七萬人，數年間轉戰多地，歷經贛、浙、閩、湘、桂、黔、鄂、川、滇等九省。洪秀全屢詔回師，但石達開皆不聽命，直至同治二年春，石達開兵分三路進攻四川，搶渡金沙江，入四川寧遠府。石達開兵抵安順場時，投入了清兵羅網，被清兵四面包圍。進既不得，退又不能，應戰數日，死亡極衆。石達開知已絕望，便令家屬抱二幼子投水而死，自攜稚子至清軍軍營獻死。石達開此舉是希望清廷能放過他的部屬，不至於全被殺戮。

清軍把石達開解赴成都，後來被凌遲處死。

至此，太平天國的東南西北與翼王全部已經死亡。

石達開死後，洪秀全在南京的情況日形惡劣，朝政日益腐化。曾國藩之弟曾國荃，率領湘軍包圍南京。同治三年四月底，清兵攻城更急，南京城內糧絕，洪秀全知大勢已去，便服毒自殺，死時年僅五十二歲。至六月，南京城破，火光沖天，太平天國至此灰飛煙滅。

湘軍首領　福氣暗藏

滅太平天國，曾國藩之湘軍應記首功。曾國藩生於嘉慶十六年（一八一一年）十月十一日亥時。四柱是：辛未、己亥、丙辰、己亥。是為喜神暗伏，秀氣深藏之造。

命理名家徐樂吾先生推崇此造時說：凡八字顯露財宮殺印，動人心目者，必非佳造。若初看平淡無奇，而精神暗伏，此中玄機，要當仔細推求。

這正是劉伯溫所著的《滴天髓》中所說「吉神太露，起爭奪之風；凶物深藏，成養虎之患」的道理。是吉神喜藏而不喜露，而做人的道理也如此，鋒芒過露，就易招損招忌。從紫微斗數來說，曾國藩的星盤也有相似的味道，廉貞、天相兩星在子宮守命，驟看也是平平無奇，但由於兄弟宮巨門化祿，父母宮為天梁星，本宮的天相星，就變成是「財蔭夾印」格，也是喜神暗伏，福氣暗藏之象。從他的命造與星盤，都可看出他是一個十分機智的人，亦擅於應變。當日湘軍攻破南京之時，南京雖然糧絕，但天王洪秀全所藏之金銀寶物仍極多，湘軍入城後即洗劫一空，隨即縱火以滅跡。曾國藩怕清廷追贓，在破城後除以八百里加緊紅旗報捷，並先發制人上奏為將士掩飾說「偽宮賊館，一炬成灰」。後來被俘之太平天國的主將之一李秀成，清廷曾下令押送京師。但曾國藩奉諭後立即殺李秀成，然後回報說在接到詔書前，已把李秀成殺死，據說就是因為怕李秀成到京後供出南京所藏金銀珠寶極多，故殺之以滅口。曾國藩處事之機智乖巧當還不止此，在滅太平天國之後，他獲封一等侯爵加太子少保。曾國荃封一等伯爵加太子少保，李鴻章封一等伯爵。其餘隨從將領皆有封賞。曾國藩深明功高震主容易致禍的道理，更明白自古功臣名將，功成則宜身退，否則富貴難保。所以，曾國藩辭職回籍，並即裁湘軍二萬五千人，堪稱十分懂得明哲保身。是「喜神深藏」，有以致也。

捻黨之亂 為禍多年

咸豐年間，可說是多事之秋。

除太平天國之外，尚有捻黨之亂，發生於咸豐二年，至同治六年然後平定。捻黨本來是一股烏合之衆，流竄各地，但清廷為了撲滅他們也費了頗大的氣力。

據說捻黨的來源是由河南、山東等省一種「拜捻」的風俗而起。

當時農村的衛生情況極差，時有瘟疫流行，鄉民迷信者，為了驅疫去災，祈求福澤，便有捻紙為龍，製成龍燈，然後由一衆人等攜着龍燈遊行，他們認為龍燈所到之處，瘟疫之神便會避走，鄉人就可得到平安，這種風俗就稱為「拜捻」。

而「拜捻」之風，本來只是一種鄉村的習俗，在信仰自由下倒無所謂。只是後來這種風俗被不務正業之無賴利用，常藉「拜捻」來聚衆，並向鄉民勒索製造龍燈的紙費油費等。初時所索不過是小數目，但發展到後來，無賴相聚成黨，勒索的數目日巨，甚至有擄人勒贖之事出現，此後便被人稱為「捻黨」或「捻匪」了。

在咸豐二年時，由於清廷忙於對付太平天國，捻黨乘機擴展，勢力日漸坐大，散佈之地區亦日廣，騷擾民間極甚。至此，清廷方正視捻黨的活動，決心加以剿滅。

捻黨初時是散佈各地的烏合之衆，至咸豐五年方有正式的領袖。當時各地的捻黨小頭目在安徽亳川齊集拜祭天地，共推捻匪張洛行為盟主。

後來張洛行更與太平天國勾結，被封為沃王。當時清廷急於消滅太平天國，對捻黨之亂始終視為次要，故捻黨能不斷流竄各地，為患民間。

直到太平天國之亂平定，清廷才決心全力去剿滅捻黨，派曾國藩主其事。曾國藩雖然滅了太平天國，但剿捻黨卻無功而還，更使捻黨分為東捻與西捻，曾國藩尋且引咎辭職。

直至同治六年，才由劉銘傳率領之淮軍，先後把東捻與西捻剿滅。但捻黨之亂，前後已為患了十六年。

英法聯軍　焚掠北京

終咸豐在位期間，幾乎無日不在兵荒馬亂中，除了太平天國、捻黨之亂外，更有英法聯軍攻入北京、火燒圓明園的大事，可說是外憂內患齊來。

在《南京條約》簽訂之後，中國開放五口通商，但這些開放是在喪權辱國的條約下促成。所以，當時中國人民，仇外的心理很強。在上海、廈門、福州等地都曾發生襲擊英人之事。

到咸豐六年，英法兩國幾乎同期與中國因小事發生衝突。先是廣東水師搜查一艘在香港註冊懸掛英旗的船隻，疑船上有冒英販煙之奸徒，捕去十三人。

當時港督保靈與領事柏加便認為是向中國示威的良機，派英艦攻佔廣州炮台，炮轟督署，毀城而入，但不久又退出。時粵民對此事十分憤激，結果引致燒毀十三行，並波及法美商館。同年在廣西，法國一名傳教士在西林縣被捕，以其傳教地點越過通商口岸，刑訊後處之死刑。

由此，英法兩國便決意聯手對付中國，因而出現了英法聯軍。

咸豐八年四月，英法聯軍攻佔大沽炮台，清廷震懼，結果在天津談判，簽訂了《天津條約》。規定以一年為期，雙方元首批准後在北京換約。

結果到咸豐九年五月，換約之期已屆，英法兩使率艦隊欲至天津轉北京換約，清廷告以大沽已經設防，請其由北塘駛入，但英法不聽，直駛入大沽，把港口鐵鏈炸毀，更豎起紅旗要與中國開戰。清守軍見此情況便開炮轟擊，結果英法軍艦被擊沉四艘，死四百餘人。

英法聯軍隨即退回上海，向本國請援。結果，到咸豐十年七月，英法聯軍的援軍趕到，同向天津進攻，隨即攻下天津、通州等地，直指北京。

咸豐一面遣人議和，一面收拾行李逃往熱河。英法聯軍攻入北京後，大肆搜掠，並火燒圓明園。而清廷經營五世，號稱世界最大之園庭，頓時成為一片瓦礫之地。

咸豐好色　桃花極旺

英國在聯合法國準備對華用兵之時，本來就曾再聯絡美國與俄國，準備以四國的兵力一致對付中國。

但美國與俄國只謀與中國修改商約，無意與中國開戰，所以只派特使東來，而在天津談判時就有中英、中美、中法、中俄的《天津條約》。

在英法聯軍攻入北京，火燒圓明園，俄國特使便乘機假調停為名，希望從中取利。結果清廷與英法簽訂北京條約，要點為賠款八百萬両之外，尚要割香港對岸九龍一個區域給予英國管轄。

而英法聯軍得償所願退出後，又輪到俄國來分肥。俄國特使以調停有功，索中國烏蘇里江以東之地為報酬，而清廷竟把烏蘇里江以東濱海之地九十餘萬方英里拱手讓予帝俄。

咸豐帝在位只有十一年，而在這十一年期間，國勢一蹶不振。而他本人的星盤，由於桃花極旺，所以即使在兵荒馬亂的時期，仍忘不了徵歌逐色，沉迷於色慾。

據《清宮遺聞》所載，咸豐帝亦有使用春藥，所以野史認為他是斲斷過度而致早死是可信的。

據說有丁文誠者，官翰林，一日，召見於圓明園，由於抵達時過早，內侍引他至一小屋中等候。

丁文誠久坐無聊，見小几上有蒲桃一碟，計有十餘顆，紫翠如新摘。時方五月，本來是不會有蒲桃的，心中異之，便偷偷的食了一顆，味亦絕鮮美。但不一刻，覺腹熱如火，下體忽然暴長，時正穿着紗衣，挺然翹舉，十分異相，大懼欲死。幸丁文誠人急智生，急俯身以手按腹，倒地呼痛。內侍聞聲入內察看，詢問何事致此，丁文誠便詭稱患上絞腸痧，痛不可忍。內侍以藥予之塗搽，痛益劇。內侍無法，乃命人從園旁小門扶之出，以丁文誠患急病入奏。而丁文誠出門後，猶不敢直立也。

這就是說咸豐儲有春藥的一段故事。

圓明園中　春色無邊

咸豐皇帝之好色，野史多有記載。

相傳他在圓明園中，設置有「牡丹春」、「杏林春」、「武林春」、「海棠春」等四個別館，選有四名美女分住其中。後來因為寵愛宮女蘭兒（即日後叱咤一時，控制着清朝命脈數十年、人所熟知的慈禧太后），另設一個名字叫「天地一家春」的別館來安置她。她姓「葉赫那拉」，蘭兒是她的小名，鑲黃旗人。咸豐初年被選入圓明園為宮女。這位日後成為慈禧太后的蘭兒，有關她的傳說甚多。

她是被清太祖努爾哈赤滅掉的葉赫國的後裔。據說努爾哈赤曾掘出一個古碑，上書「滅建州者葉赫」六字。但因努爾哈赤的皇后為葉赫貝勒布揚古之妹，故未有盡殺葉赫族人，只戒子孫，以後不要娶葉赫這個姓的女人。而順治入關以後，也一直執行這個祖訓，就只是到咸豐帝就忘記了。

又一說努爾哈赤率兵滅葉赫時，曾大肆屠殺，男人幾乎難逃一死。葉赫之領袖布揚古臨死時憤然曰：「吾子孫雖存一女子，亦必足以傾覆滿洲。」

由於布揚古曾作此語，清朝開國後則有祖訓，宮闈內不選葉赫氏的女子。但偏咸豐帝不知是過於好色還是忘了祖訓，就寵愛了這位姓葉赫那拉的蘭兒，而蘭兒更為他生了一名兒子載淳（即日後的同治帝）。使她母憑子貴成為日後的慈禧太后。而清朝之亡，史家認為她要負極大的責任，亦異數也。

慈禧太后的母親佟佳氏，傳說在生慈禧太后之時，曾做了一個夢，夢見一輪明月掉落在自己的肚子上，到天明時候便生下了這位日後顯赫一時的女兒，取名為蘭兒。

這個傳說是否蘭兒於當上慈禧太后之後故意杜撰出來，作為抬高自己的身價，那就不得而知了。蘭兒年輕時長得嬌艷俏麗，而且十分聰明，南北曲調都能琅琅上口。據說她之獲得咸豐寵愛，也是憑一曲小調而來。

桐陰深處　得蒙寵幸

蘭兒（即日後的慈禧太后）被選入宮中，並非立即就獲咸豐帝之寵愛。她在咸豐元年挑選秀女時，被選入圓明園中為宮女，直到咸豐四年，才邀得咸豐帝的寵幸。

而她獲咸豐帝的寵幸的過程，説來也十分傳奇的。

據野史所載：葉赫那拉·蘭兒者，安徽候補道員惠徵之女也，少而黠慧，艷麗無匹，生長南中，善南方諸小曲，凡江浙盛行的小調，皆琅琅上口，曲盡其妙。

蘭兒於咸豐初年被選入圓明園為宮女，是時英法聯軍尚未至，園尚全盛，各處皆以內監與宮女管理之。

蘭兒被編入「桐陰深處」，不久太平天國之亂日漸擴大，戰禍連綿，初時清兵屢戰皆敗，警報日有所聞。

但咸豐帝在此動亂的時局中，竟仍可不理局勢，寄情聲色以自娛。

話說有一次咸豐攜妃嬪多人在園中遊樂，至「桐陰深處」附近，聞有歌南調者，心異之。越日再去，近「桐陰深處」，歌聲又作，因問隨行內監以歌者為何人。內監回報說是蘭兒在唱歌。咸豐便步入「桐陰深處」，盤踞炕上，時園中各處皆設有炕以作御座也。

咸豐帝坐定後，使命人召蘭兒來。

蘭兒入見後，咸豐帝隨便問了她一些東西之後，即命坐在廊欄處，再唱剛才唱過的歌。一曲既罷，咸豐帝覺得口渴，想叫侍從送茶來。但在咸豐帝接見蘭兒和聽她唱歌時，侍從已經散避到其他地方去。

而蘭兒確也乖巧，立即自己送茶予咸豐帝。就在這一刻觸動了咸豐帝的慾念，而咸豐帝也可說是個十分急色的人，當下見四處無人，竟然就地寵幸了蘭兒。

此後蘭兒即扶搖直上，初封懿貴人，後封懿嬪，到咸豐六年生下載淳（即日後的同治帝），因以子貴，晉封為貴妃。

送錯賻儀　飛黃騰達

而有關蘭兒的際遇，還有一段十分傳奇的故事，也說明一個人的運氣，似是冥冥中有定數者。

話說蘭兒的父親惠徵，是安徽的後補道員，生活十分窮苦。死後遺下一妻二女，連運屍回京的錢也不足夠，全憑一個清江知縣吳棠，誤打誤撞的送了他們三百両賻儀，然後能發喪回京。

據說當時吳棠有一故友官副將者，奔喪回籍，舟泊清江上，與蘭兒姊妹的船隻並排。吳棠遣使送厚儀去給故友，不料誤送了去蘭兒的船隻。

蘭兒姊妹當時正擔心川資不繼，不料得到這筆款項，自然大喜過望。

吳棠後來知道了銀両送錯了別船，大怒，本擬索還。但有一幕客對他說：「聞舟中為滿洲閨秀，入京選秀女，安知非貴人，姑且結好無妨，於公或有利焉。」

吳棠聽從幕客之言，且登舟行弔。蘭兒此時感激涕零，把吳棠的名刺放入奩具中，對妹曰：「吾姊妹他日倘得志，無忘此人也。」

既而蘭兒獲選入宮，後來更得到咸豐之寵幸，生下載淳，是為日後的同治帝。而其妹則嫁給醇賢親王奕譞，生下載湉，是為日後的光緒帝，也就是說兩姊妹都生下了皇帝。同治帝死時才十九歲，沒有兒子，慈禧太后如何耍手段立了光緒，這是後話。

據說慈禧太后垂簾聽政之時，猶記得自己在蘭兒時代，有吳棠其人。結果吳棠由知縣這樣的一個小官，不斷獲得升擢，不數年而官至四川督撫。

吳棠本來並非一名能幹之人，在任期間，曾為言官多次彈劾，但慈禧太后就是不聽。而吳棠之飛黃騰達，大家相信是因為他早年曾誤送三百両銀到蘭兒的船上所致。

如吳棠之際遇，能不說純是運氣使然？若非當日之誤送銀両，能否在官場上一帆風順是頗有疑問也。

避難熱河　樂不思蜀

咸豐帝是一位好色、沉迷於逸樂和並不十分留心國事的風流天子。

在蘭兒生下了皇子載淳（即日後的同治帝）之後，寵擅六宮，被封為貴妃。

咸豐帝在這時雖説寵愛蘭兒，但仍然徵歌逐色，天天在圓明園裏鬼混。在鄭親王端華與怡親王載垣這兩人引導下，更加縱情聲色，以致無心政事。

在那段時間，這位風流君主對於披覽奏章、草擬上諭等事完全付託了蘭兒，使蘭兒日後變為慈禧太后後，對朝政之事多所熟悉，掌權數十年，而終致使清室腐朽而至滅亡。

當時咸豐更刻了一個上有「同道堂」三字的玉璽給蘭兒，規定所有詔諭若蓋有此璽，便等於皇帝御筆所書，相等於把朝政的事都交到蘭兒的手上，成為蘭兒掌權的開始。

在英法聯軍攻入北京後，咸豐帝逃到熱河，他不但未為國家之多難而擔憂，而且更大興土木，修繕行宮，同樣縱情聲色，日夕在行宮演戲，並常召見伶人和談論曲譜等。似是四海昇平，可以垂拱而治。

到咸豐十年九月，北京和約簽訂，英法聯軍退出北京後，恭親王奕訢奏請回鑾。不料咸豐帝這時正樂不思蜀，藉口說「夷情難測，恐有反覆」，而終不肯回北京去。

咸豐可說是一個短命的皇帝，二十一歲登基，在位十一年，死時年僅三十一歲，葬於定陵，廟號文宗。

他是死在熱河的，據說他之得病，是由於過分的縱情於色慾，以致淘虛了身子，患了色癆。

色癆在今日來說，就是肺癆，現代醫學昌明，治療肺癆並不困難。但在當日來說，已幾成為不治之症。

同時據說肺癆患者，初期患者性慾會特別高漲，而咸豐帝死前仍縱情色慾，可說既是個性使然，當然亦受病情的影響。而當時的人認為兩者相因相成，故名之為色癆。

第七章

國勢衰敗江河日下的時期

——慈禧擅權下的同治、光緒

咸豐逝世　同治登基

咸豐逝世後傳位於他的兒子載淳，定翌年為同治元年。同治帝的生母葉赫那拉氏（前身為圓明園的宮女蘭兒），因為是住在儲秀宮的關係，宮中上下都稱她為儲秀宮皇太后。由於儲秀宮是屬於紫禁城的西六宮，所以又稱西太后。後來又稱為西佛爺。而同治帝的嫡母，是為慈安太后鈕祜祿氏，住在東六宮的鍾粹宮，所以稱為東太后，也叫做東佛爺。

同治帝登基時實足年齡還不滿六歲，時西太后（即慈禧太后）才廿七歲，而嫡母慈安太后亦只不過廿五歲。

咸豐死時以自己的兒子與皇后年紀太輕，料難主持國政，所以遺詔命怡親王載垣、鄭親王端華、協辦大學士肅順、御前大臣景壽、兵部尚書穆蔭、吏部左侍郎匡源、禮部右侍部杜翰、太僕寺卿焦佑瀛等八大臣輔政。不料這八名顧命大臣，後來都被手段毒辣的慈禧太后清算，載垣、端華、肅順等且被處死，其餘五人革職。

同治帝生於咸豐六年（一八五六年）三月廿三日未時，陽曆為四月廿七日。已過穀雨，他的四柱八字是：丙辰、壬辰、庚辰、辛未。徐樂吾先生評此造為：「年干丙火，壬水緊剋，三月火相，得未中餘氣，八字雖清純，而用神薄弱無力，亦非統御命也。三歲起運，虛齡七歲登基，在巳運中，固也。在位十三年，午運遽而不祿，帝王家內幕，非外人所知矣。」以紫微斗數來說，同治帝的星盤命宮是沒有主星的，對宮為巨門星與天機星化權，福德宮是天同星化祿會照到祿存星。此造之美是在福德宮矣。

而命官有火星及會照到鈴星，個性急躁，加上咸池、天姚並照，福德宮亦見紅鸞、天喜、昌曲，喜好冶遊而死於梅毒，其在此乎？運入破軍，死時才十九歲，亦命也。

慈禧奪權　垂簾聽政

咸豐帝死時雖有遺詔命八大臣輔政，但慈禧太后早已有把持朝政的野心。御史董元醇窺知其意，便乘機獻媚奏請皇太后垂簾聽政。

慈禧太后初時並非想一下子就肅清八名顧命大臣的。所以，為了垂簾聽政之事，曾召八名顧命大臣共商此事，不料肅順、載垣、端華等拒不讓步，與慈禧爭論極烈。據說當日八名顧命大臣為此事聲震殿瓦，慈禧則怒至手顫，結果弄至不歡而散。

然慈禧經此事後，對垂簾聽政之事並未心息。她知識水平不高，但手段卻極為毒辣。後來，她想到可以利用恭王奕訢來進行此事，便與恭王密商如何除去八名顧命大臣。

慈禧走這着棋，是因為她想到恭王奕訢雖然是咸豐帝的親弟，但恭王在北京與英法聯軍議和時，肅順等人曾在咸豐帝面前中傷他，說他有意聯合英法，為自己權位鋪路，有不利於咸豐帝的野心。而咸豐帝居然也把這些說話聽入耳裏，記在心中，且耿耿於懷。所以在遺詔命八大臣輔政的名單中，並沒有恭王的名字。慈禧知道此事的經過和內幕，便決定與恭王聯手對付八名顧命大臣。咸豐帝是於咸豐十一年七月病逝於熱河的，到是年九月，慈禧太后與慈安太后便決定扶柩回京，以便安葬在東陵區的定陵。

就在慈禧太后返抵北京不久，便強說咸豐帝並無遺詔要八名大臣輔政，並說肅順、載垣等人之參預政務和抗拒太后垂簾聽政，是別有用心。結果把肅順斬首，載垣與端華賜死，其餘五人革職。顧命大臣之不得善終又多一例。在清算八名顧命大臣之後，時同治年僅六歲，清室政權便落在慈禧太后、慈安太后與恭王奕訢的手中。由兩名太后垂簾聽政，恭王則為議政王。慈安太后個性較溫厚，亦無政治野心，她之與慈禧聯手對付八名顧命大臣，完全是受了慈禧的游說與擺佈。不料此後慈禧勢力日盛，最後自己更為慈禧毒死，亦異數也。

燒去密諭　慈安後悔

話說慈禧太后在還是蘭兒時代，頗得咸豐帝之寵愛。但誕下載淳（同治）之後，日漸放縱，恃有子而驕，咸豐帝漸不滿其為人，曾與肅順言，想把她廢了，但卒又不忍。

到咸豐帝在熱河病危之時，密授朱諭一紙與慈安，並對她說：「西宮援母以子貴之義，不得不並尊為太后，然其人絕非可倚信者，即不有事，汝亦當專決。彼果安分無過，當始終曲全恩禮。若其失行彰著，汝可召集廷臣，將朕此旨宣示，立即賜死，以杜後患。」這是說咸豐帝頗有知人之明，知道慈禧極可能有驕縱不法之事，所以授慈安以密諭，如果慈禧有不軌的行為，可以立即把她賜死。

咸豐帝去世之後，據說慈安曾以此密諭示慈禧，意思是警惕她也。所以慈禧當時對慈安太后之態度是誠惶誠恐，處處聽從慈安之言，無微不至。而慈安始終不知道是慈禧的手段。如是者數年，以為慈禧心無他矣。

據說有一次慈安偶染小恙，太醫所進之藥不甚見效，遂不服藥，但奇怪的是數日後竟然不藥而癒。一日，忽見慈禧左臂纏有布條，覺得甚為奇怪，便問慈禧何故如此。慈禧即假惺惺的說：「日前煎藥時曾割肉一片同煎，聊盡心意耳。」在古時，相傳煎藥如果有人肉同煎，功效會特別好。這在今日看來當然是無稽之事。

只是當時慈安聽慈禧這麼一說，對慈禧便起了感激之心，帶淚的說：「想不到你是那麼的好人，先皇帝為甚麼還要懷疑你。」

說罷便取出咸豐帝所寫的密諭，當着慈禧的面前燒了。

不料，在慈安燒了密諭後，慈禧便好像脫下了羈鎖，日漸放肆，且漸對慈安語多不遜，事事專權，不與慈安商量。至此時慈安始大悔，但已無辦法矣。至光緒七年，便有慈安染病，慈禧串通太醫，以不對症之藥毒死慈安的傳說。慈安死後，喪禮草草了事，由此傳說更盛。

慈禧干預　皇帝生活

同治帝於六歲登基，尚在童齡讀書期間，據清人的筆記所載，他不但不是一位好學的皇帝，而且喜與小太監接近，日夕嬉戲，無心於書本。

當日被選定為帝師的兩人是李鴻藻與翁同龢，兩人的品學自當可為帝師有餘，只是同治帝無心向學，所以，他們縱有滿腹經綸，亦難向同治帝傳授。

翁同龢之日記曾有以下的記載：「嬉笑意氣皆全，功課如此，至難着手。」又有慈禧諭：「書房功課耽誤，書既不熟，論文多別字，説話不清。……上年已十六，親政不遠，奈何所學止此？督責之詞，至嚴至切。」

後的一段是翁同龢同治十年的日記，時同治帝已十六歲，但還是頑皮如一，而慈禧説親政之期不遠，就是説同治帝再過兩年到十八歲就要親政，只是終同治一生，十八歲後雖云親政，而大權實際卻是在慈禧之手。

慈禧太后的支配慾極強，不單只控制政權，對同治帝的婚姻生活也一樣干預。

同治帝是於同治十一年大婚的，而選后過程，亦有宮闈秘聞。

據說當時慈禧太后屬意於侍郎鳳秀的女兒富察氏，而慈安太后與同治帝則喜歡侍郎崇綺的女兒阿魯特氏，結果立了阿魯特氏為后，而富察氏為慧貴妃。

慈禧太后事後十分不高興，以同治帝不遵從自己的意思，便開始干涉同治帝與皇后的生活，以至後來皇后入見，慈禧從未假以辭色，漸而至母子之間亦不和。

據說慈禧為了要同治多與慧妃親近，曾對同治說：「慧妃賢明，宜加眷遇。皇后年少，未嫻禮節，皇帝毋輒至宮中，致妨政務。」後來慈禧更發展到派內監監視同治帝之行動。

同治帝由讀書時期開始，而顯得有頗強之反叛性，所以對慈禧此舉，甚為不悅，以至後來有終年獨宿乾清宮之事以作抗議。

同治嫖妓　死於梅毒

同治帝之早死，與自己之反叛性格和慈禧太后的專制，多少都有點關係。

據野史所載，同治帝本來是相當鍾愛自己的皇后阿魯特氏的，但慈禧則偏愛慧妃。據説慧妃雖甚為美艷，但舉止殊輕佻，所以慈安太后與同治帝都不喜歡她，而皇后阿魯特氏，年稍稚於慧妃，貌亦較遜，但雍容端雅，慈安與同治帝都喜歡她，所以才有不理會慈禧的意思而立了阿魯特氏為皇后。

只是慈禧隨着日漸專權，同治帝格於慈禧之威，不敢常與皇后相聚，再加上慈禧常逼同治帝寵幸其所不愛之慧妃，同治帝便覺得無家庭之樂趣，而有獨宿乾清宮之舉。

但同治帝個性並非甘於寂寞之人，故有內侍引導微服出行之事，甚至到妓寮去縱淫。同治帝身為一國之尊，自然不敢到外城之著名妓寮去，怕為臣下所見。所以他只有專覓內城之私娼賣淫者取樂。而從行者亦只一二小內監而已。初時人不知其為皇帝，後來雖然知道，但亦詐作不知。

由於同治帝在那些低下的妓寮尋歡，終於染上了梅毒。初時同治帝的梅毒瘡只見於面，後來蔓延到背部，傳太醫診治，太醫一見便大驚，知為梅毒發作也，但不敢明言，反而去請命慈禧，問是何病症。不料慈禧傳旨說：「恐怕是天花耳。」太醫遂以治天花之藥治之。

同治帝知為藥不對證，曾罵太醫曰：「我非患天花，何得以天花治之？」太醫奏曰：「太后命也！」同治帝無話可說，惟恨恨而已。

據說同治帝將死之前數日，下部潰爛，臭不可聞，至洞見腰腎而死。

野史對此亦有慨嘆，認為中國帝皇自古以來，以色而喪者不知凡幾，但死於淫創者，則惟同治帝而已，死時才十九歲，是清室最短命的一個皇帝。

微服出行　偏多怪事

有關同治帝的奇聞怪事，野史所載甚多，他微服出行除了去妓寨、秦樓酒館之外，尚有不少怪事。

話說湖南舉人某，居會館，與曾國藩寓齋相對。一日，方在臥室整理被鋪，見有少年入其書齋，就案翻視其文，並以筆墨把他所寫的文章塗污，隨即匆匆離去。

某即詢問僕人是何人如此頑皮，僕人說：「那是曾大人之客也，曾大人未回，故信步至你處而已。」

後來曾國藩回來，舉人即把此事告知，曾大驚曰：「此當今皇上也。」舉人聞言大駭，暗幸自己未有做錯事，但已不敢入春闈，即日束裝回里。

同治帝又曾微服至一琉璃廠，購買玉版宣紙，因未帶銀両，便以袋裏的瓜子金抵數，掌櫃見非通用物，辭而不受，並囑店夥隨往取銀，至午門外，店夥不敢入，棄紙於地上倉皇逃去。翌日，同治帝命小太監帶銀両去償付店主。

又一次，同治帝避雨僧寮，見一人潦倒甚，詢其所執何業，其人說出為某家廝養卒，為主人所逐，故托砵行乞，以圖果腹。

同治帝便問他：「如你這樣的人，認為去何處出息最好。」該人答曰：「最好是粵海關矣。」

不料同治帝即以紙書寫一函付予該人，囑他交步軍統領衙門，代為安置。結果該人果然獲得職位，赴粵海關上任，遂由此起家云。而同治帝之用人可以如此者，確莫名其妙也。

又相傳同治帝頗喜看春宮畫、秘戲圖之類，與翰林侍讀王慶祺十分相得。而王慶祺者，生長京師，世家子，美於丰儀，工度曲，能投同治帝之所好。

有一日，內監見同治帝與王慶祺狎坐一榻，共低頭閱一小冊，太監偽為進茶，逼視之，原來是秘戲圖，兩人看得津津有味，旁有人亦不覺。由於他們兩人十分要好，故甚而有人認為他們兩人有同性戀之事，如漢哀帝之與董賢，但此純為傳說而已。

同治密謀　誅安得海

清初開國，深知明朝之亡，實與閹宦之為禍有關。而順治死時之遺詔，曾以十四罪自責，其中即有明知宦官之為禍而不以為戒。順治死後未夠兩月，清室即把曾經弄權之內官吳良輔處斬和罷設十三衙門，是為防止重蹈明亡覆轍的措施。

但到慈禧太后秉政時代，又有太監安得海與李蓮英之胡作妄為。

安得海者，直隸之南皮人也，以自宮入內為閹宦，頗得慈禧之歡心。安得海漸漸干預政事，先在慈禧之前說恭王奕訢之長短，去其議政權，繼而籠絡朝士，納入門下，聲勢漸大。

當時同治只有十歲，對安得海十分厭惡，曾因事斥責安得海，不料卻為慈禧所責。因此，同治便更恨安得海。於宮中常以小刀對着一個泥人來斬，太監問他斬誰人，他就說是斬小安子。內監知其事者，心中都知安得海遲早將性命不保。至同治帝八年七月，安得海果然在山東被處斬。而安得海伏誅之過程如下：

話說山東巡撫丁寶楨，遇事敢為，頗得同治的信任。同治曾與慈安密商，命丁寶楨俟機誅殺安得海。

據說有一日，慈禧令安得海往南方織辦龍衣，同治知道此事，陽為贊成，暗則密令丁寶楨注意此事。

到安得海出了京城，過德州，丁寶楨派人跟蹤他數天，直到他到了泰安，潛用欽差大臣頭銜，沿途招搖勒索，丁寶楨即下令總兵王正起把他拘捕，解至濟南。

當時安得海尚大言不慚的說：「我奉皇太后命，誰敢犯者，自尋死路耳。」

丁寶楨乃上奏捕得安得海過程，慈禧聞而惶駭，不知如何是好。慈安即召軍機及內務府大臣議之，皆言祖制嘗有訂法，太監不許出京，犯者死無赦，應當就地正法，並且認為安得海非殺不可。

慈禧對此事雖然十分不開心，但當時對慈安尚有畏憚，所以亦無能營救，而安得海終於伏誅。

修圓明園　處事任性

同治帝幼年登基，既無心向學，書既讀得不好，而又屬於十分任性的人。同治十二年春，同治帝親政，侍讀學士王慶祺為了投其所好，便獻議興修園庭。結果為同治接納，決定重修英法聯軍所毀之圓明園。兩位大臣戶部侍郎桂清與御史游百川，力諫不可，同治不但不聽，且把他們兩人革職。同時還諭誡各大臣勿再勸諫此事。

而此後同治帝便常到圓明園視察工程，不理政務，亦不循例召見朝臣，奏章也不看，有奏章呈上，他便隨便的寫上「依議知道了」幾個字。

其中有奏章提出幾個辦法要他決定的，他也一樣照批「依議知道了」幾個字，一時間傳為笑話。

後來因慈禧之專制，使他無法親近自己所愛的皇后。慈禧原意是想逼他與慧妃相好，但同治卻不愛慧妃，因此覺得家庭上了無樂趣，初時獨宿乾清宮，但後來不甘寂寞，而開始有微服出行尋樂之事。於是京中流言日多，傳到民間也作為談話資料。

恭王奕訢見同治帝愈來愈荒唐，便具疏極諫，更請同治帝停止修建圓明園。不料卻給同治帝大罵了一頓，而恭王還是心有不息，與同治力爭，而同治帝居然說：「讓給你做皇帝如何？」其後同治再追問恭王在哪裏聽到微行消息，恭王答曰：「是臣的兒子載澂告訴我的。」同治一直把這事記恨在心，誓要把恭王和曾經勸諫他停修圓明園的人整治一番。過了兩日，同治召諸王大臣至，指恭王無人臣禮，理當重罰，使硃筆諭革恭王爵位、軍機大臣及一切差使，並革其子載澂之爵。後來又頒硃諭盡革醇王、景壽、奕劻、文祥、寶鋆、沈桂芬、李鴻藻等人職位。

事為兩宮太后所知，便出面力阻，並慰諭各大臣及將同治所諭撤銷，一場鬧劇方始告終。直到翁同龢從江南回京，以帝師的身份再勸諭同治一番，停修圓明園。同治倒也算聽他說話，答應十年後才修圓明園。同治處事之任性，可見一斑。

同治帝崩　皇后殉情

同治帝答應翁同龢擱置重修圓明園，說等十年後然後重修，不料他自己在翌年（同治十三年）十二月即告病逝。

而同治死後不夠百日，他的皇后阿魯特氏（諡孝哲毅皇后）亦相繼死亡。皇后之死，野史所載則是被慈禧太后逼死的，認為朝廷人士所說的「毀傷過甚，以死相殉」是掩飾了不少的內幕。

據說慈禧太后喜歡看戲，皇后每陪侍，見演淫穢戲劇，則回首面壁不欲觀看，慈禧多次叫她不要如此，但皇后仍然如舊，慈禧太后便更恨她，認為她有意暴己之短。

皇后美而端莊，平日不甚有笑容，但見同治時，每微笑以迎，慈禧便硬說她狐媚惑主。

左右有人勸皇后應設法討好慈禧太后，否則恐有不利。不料皇后說：「敬則可，討好則不可，我乃奉天地祖宗之命，由大清門迎入者，非輕易能動搖也。」有人把這番話告訴慈禧，慈禧對她就更為痛恨，由是有把她除去之心。但皇后並無任何失德之事，事事按禮，知道慈禧不喜同治接近她，她亦不爭取，且設法避開同治帝，所以慈禧一直無隙可乘。

及同治病，慈禧每次往視，如見皇后未在榻侍候，則大罵「妖婢無夫婦情」。

但事實皇后是頗愛同治帝的，據說同治帝彌留之時，皇后且用手為他抹去身上毒瘡的膿血，哀傷不已。

而同治帝死前一刻曾書一紙予皇后，據言是遺詔之類，皇后在閱讀中時，適慈禧大后趕到，立即搶來閱讀，然後冷笑曰：「料不到你們竟敢如此大膽。」說罷立即加以焚燬，並順手批皇后之頰無數，當時慈禧手指上戴有金指甲，致皇后面上留下血痕多道。同治代為緩頰，慈禧即斥令皇后退下，不讓她送同治終。不久，同治帝崩，皇后以喪夫之痛加上遭慈禧太后之辱，殉節之志遂決。所以皇后之死，多少都與慈禧有關焉。

擇立光緒　另有居心

同治是清朝最短命的一個皇帝，死時才十九歲，沒有兒子。在傳位問題上，按照清室祖制，應該傳與子姪輩。同治帝是「載」字輩，他的子姪是「溥」字輩，照道理就應該找一個「溥」字輩的子姪來繼位。但慈禧太后認為若以「溥」字輩的人來繼位，自己豈不變成太皇太后，那就不能垂簾聽政掌握大權了。慈禧太后權位之慾既大，私心亦重。所以，便決定不立「溥」字輩，而立與同治同輩的「載」字輩，同時還要立年幼的，以便自己可以順利的控制着權位。

結果，慈禧太后決定以自己胞妹與咸豐胞弟醇親王奕譞（道光皇帝的第七子）所生的兒子載湉繼位，改元光緒。所以光緒可說是慈禧太后的姪兒也是姨甥，繼承帝位時才四歲。

當日擇立的詔文說：「皇帝龍馭上賓，未有儲貳，不得已以醇親王奕譞之子載湉承繼文宗顯皇帝為子，入承統為嗣皇帝，俟嗣皇生有皇子，即承繼大行皇帝為嗣，特諭。」

皇帝之死，官書稱為龍馭上賓，而皇帝初喪稱為大行皇帝。

這詔書的意思是說光緒可在其所生的兒子中，擇一來承繼同治以奉其祀，而自己則承成咸豐之統，只立皇子為皇，以為己嗣。不料此詔書卻使到一些朝臣懷疑慈禧太后不為同治帝立後，結果發生了一番的爭執，要慈禧太后頒立鐵券說明將來光緒有子，要承繼同治為嗣。對此事甚至有吏部主事吳可讀出到屍諫，最後慈禧太后終於下詔宣佈：「奏請頒定大統，實與本朝家法不合，皇帝將來誕生皇子，自能慎選元良，繼承同治帝。」一番的爭執，不外都是光緒將來有子，要過繼給同治為子，為同治立後。不料光緒直至去世也沒有子女，結果立了溥儀（即宣統），承繼同治，兼祧光緒，這是後話。而當日朝廷內為了如果光緒有子，就要如何如何的爭執，也等如白費了！清室自同治後，不但國勢弱，連子息也弱，亦奇也。

同治遺詔　慈禧撕毀

據野史所載，同治在病重之時，本來是立有遺詔由恭王奕訢子載澍繼承大統者，但為慈禧太后撕毀，改立光緒。

在同治病況危殆時，曾召軍機大臣侍郎李鴻藻到寢宮相見。鴻藻到來的時候，皇后正在同治身旁侍候，見李鴻藻入，正欲避開，同治止之曰：「師傅乃先帝老臣，你乃門生媳婦，我方有要言，何必引避耶。」

同治帝手執李鴻藻之手曰：「朕疾不起矣。」鴻藻失聲哭，后亦哭。同治要他們不要哭，並說明是商量要事的時候。

隨後同治與李鴻藻說準備立貝勒載澍繼承大統，且口授遺詔，令李鴻藻於榻側書之，凡千餘言。

書成之後，同治閱覽一遍，對李鴻藻說：「甚為妥善，師傅且休息，明日或可再見也。」

不料李鴻藻出去後，心中極為恐懼由此被禍，立即趕去見慈禧太后，從袖中取出草詔交給慈禧閱覽。慈禧看後怒不可遏，立即撕毀，隨擲於地，喝令李鴻藻退出。

慈禧太后對此事極為不滿，認為同治立嗣也不與她商量，實在過分。便即命令盡斷同治帝之醫藥飲膳，不久，同治帝駕崩消息即告外傳矣。

又一說同治帝在彌留之時，曾書一遺詔交與皇后，適為慈禧到來探病看見，搶過來閱讀後，知道同治帝欲以貝勒載澍繼承大統，立加撕毀，並力批皇后面頰，把同治帝書寫遺詔之事完全遷怒於皇后身上。

從上述兩說，可見慈禧之專橫，結果她為了鞏固自己的權位，便不理一切的選擇自己胞妹與醇親王奕譞所生的兒子為帝，是為光緒。光緒登基時，年僅四歲，仍是一名無知的小童。

而慈禧太后此着，是完全為了一己之利益，擇立一個年僅四歲的小皇帝，自己便可以為所欲為。

光緒登基　年僅四歲

光緒既為慈禧太后所擇立，照理應極獲慈禧太后之愛護才對。但日後發展到兩人勢成水火，慈禧對光緒極度刻薄，實在始料不及也。

光緒帝生於同治十年（一八七一年）六月廿八日寅時，陽曆為八月十四日，已過立秋，四柱八字是：辛未、丙申、丁亥、壬寅。

徐樂吾評此造云：「丁壬寅亥，干支皆合，名天地德合，丙辛化水，格局頗清，但細按之，生於申月，火臨絕地，以印化官，庚金傷印，身弱喜劫，劫化為煞，日元孤立。外被坎水包圍，丁火柔中，內性昭融，如有嫡母，可秋可冬。有印生化，本不懼水，無如旺申沖寅，木衰被制，以運而論，乙未甲午，可稱佳運，癸巳尚可行，但癸火蓋頭，巳亥逢沖，處處掣肘，戊戌年逢墓庫，歲運均助，宜若有為，然煞強身弱，只能用印引通官煞之情，若力不足而強制，反激成禍，『滴天體』所謂弱者扶之無益，不如順其強勢是也，不自量力，遂起政變，交入壬辰，金水為災，流年庚子，遂起拳禍，戊申年兩申沖寅，辰申會合拱子，憂囚而死，亦可哀矣。」

以紫微斗數而論，光緒是天相星守命，也是祿蔭夾印格。清朝早期有兩個皇帝，都是天相星守命的，如雍正、乾隆就是，只是宮位不同，格局與運程便大異了。

光緒四歲登基，十八歲親政，而至死於三十七歲，一生都在慈禧太后控制之下。雖有意整頓政治，重振國威，但由於有慈禧太后頑固的阻力，終無法完成心願。而戊戌政變，更被慈禧太后一怒之下把他囚禁於南海瀛台，卒至被廢去帝位。時光緒已經親政十年，大限在卯宮，紫微貪狼同守，奴僕宮適遇文昌雙化忌，實行變政，卻全無實力支持，亦命也！

至卅七歲去世，大限在寅宮，會見天同星化忌與文昌星化忌兼見兩煞，傳被慈禧太后與袁世凱合謀毒死。

身為清帝　怕讀滿文

光緒一生，都不過是一個傀儡皇帝，大權由始至終操在慈禧太后之手。

光緒皇帝進宮的時候，只有四歲，體質瘦弱，據説還不會走路。

光緒二年，光緒皇帝才六歲，開始入學，他的漢文啓蒙老師是翁同龢等人，另外還有滿文的老師。

書房則用了嘉慶皇帝的寢宮毓慶宮來改裝，光緒就坐在一張矮桌旁，老師翁同龢首先用墨筆寫下「天下太平，正大光明」八個字，然後扶着光緒的小手在紅色的紙格上描寫。

光緒小時候十分膽怯，最怕行雷閃電，在書房裏聽到雷聲時也會嚇得躲到老師的懷裏。

光緒皇帝讀了七八年書之後，四書五經都已經讀過。據説他是頗為勤力和肯用功的人，但奇怪的就是他最怕讀滿文，每次上滿文課的時候都不願開口，所以有人説滿洲氣運確已有轉移的跡象了。

光緒除了讀四書、詩經、易經等書之外，後來也學英文，所以光緒皇帝應是清室第一個懂英文的皇帝。

他最初的英文老師是清廷駐法國公使裕庚的女兒德齡女士，德齡女士曾隨父親居住在法國，後來回國入宮侍候慈禧太后，便每天撥出一小時來教光緒皇帝讀英文。

據德齡女士後來對人說，光緒皇帝的英文發音雖然不很正確，但記憶力很強，不久就能閱讀英文的短篇故事。

光緒皇帝每天早上起來的時候，如果遇到德齡女士，偶然會說一兩句簡單的英文，有時還會問她一些英文生字。而他與德齡女士的感情也不錯，常常有說有笑。

但慈禧太后則不同了，慈禧太后由於德齡女士常在她的身旁，又見她教光緒皇帝讀英文頗有成績，自己便也想到不妨學一點英文。但慈禧太后並無耐性去學，只上了兩課，便沒有興趣再學下去。所以慈禧太后可說是完全不懂英文的。

光緒年幼　最怕慈禧

光緒皇帝的母親就是慈禧太后的胞妹，所以光緒皇帝就好像是慈禧太后的兒子那樣，只是光緒一直都十分害怕慈禧太后的。

在平常的日子裏，光緒皇帝在宮中，見到上下人等，很多時都有說有笑。但一見到慈禧太后時，就完全變成了另外一個人，表面顯得憂鬱和表情遲鈍，說話也有些口吃，使人覺得他有些呆氣似的。

據最初教他英文的德齡女士說，光緒皇帝其實是一個十分聰明和有見識的人，同時還是一個出色的外交人才。但宮中規矩嚴格和禮教的束縛，而他又特別害怕慈禧太后，所以才有時表現得呆頭呆氣和毫無主張似的。而德齡女士更指出外界對光緒皇帝個性的惡評，完全是太監們捏造了某些謠言所致。

慈禧太后年輕時長得嬌豔俏麗，實在是滿洲族的美人兒。但年事漸長而到掌握政權之後，年輕時小鳥依人的風姿一變而成為狠毒、專權的婦人。

慈禧太后在光緒七年毒死慈安太后之後，從此獨自當國，個性更顯得有點變態，喜歡以男人自居。所以光緒皇帝向她請安時要說：「親爸爸吉祥。」而宮中上下對她的稱呼就更妙，稱她為「老佛爺」，但慈禧太后卻喜歡人家稱呼她為「老祖宗」。每個宮女或太監見到她都要說：「老祖宗吉祥。」

慈禧太后平時自稱「我」，正式場合則謙稱「深宮」，而今日戲劇中的慈禧很多時自稱「哀家」，似應是出自後人的杜撰。

慈禧太后個性十分主觀和剛毅，自信心也很強，是一個十分難以侍候的人物，所以宮中上下人等包括光緒皇帝在內，對她十分害怕。她不喜歡太聰明的人，但又厭惡太愚蠢的人，她喜歡聰明乖巧的宮女和太監，但又不喜歡宮女或太監在她面前賣弄聰明。而太監李蓮英之終身得寵，既屬機警而且亦有前因。

學識梳頭　蓮英得寵

清朝開國時，由於深明宦官之為禍，為明朝滅亡原因之一，所以曾訂下不許太監問政之例，嚴加管束。所以清朝歷二百餘年，都無太監之為禍。只是到了慈禧太后時代，卻出了三名十分著名的太監，其一就是安得海，另一就是李蓮英，還有一個就是寇連材。前兩人都深得慈禧太后之寵信，安得海出現的時間較早，時兩后垂簾聽政，慈禧還未獨攬大權。所以安得海因為違反了太監不許出京城之例，雖是奉慈禧之命往南方織辦龍衣，然終為慈安太后根據祖例所殺。而李蓮英出現的時間較晚，比安得海幸運得多。李蓮英本來是慈禧太后之梳頭房太監，直隸河間府人，本為無賴，幼失怙恃，落拓不羈，曾以私販硝礦入獄，出獄後改業為補鞋，而李蓮英有一綽號「皮硝李」，就是這個原因。

河間本來盛產太監，李蓮英有一同鄉沈蘭玉，是當內監的，兩人甚為相得。而李蓮英之日後成為太監，就是由沈蘭玉所引進者。李蓮英以自閹之身進宮，初時並未獲得慈禧太后之垂注，只是一名普通的太監而已。

有一年，慈禧太后聽聞京城流行一種新式的髮髻，要梳頭房的太監為她梳，但梳來梳去慈禧總是不滿意，也換過好幾個太監替她梳，就總是不合慈禧之意。沈蘭玉偶然對李蓮英說及此事，便給李蓮英掌握了一種扶搖直上的機會。李蓮英隨即出外細心觀察那種新髮髻，央人相教，刻意揣摹。多日後，果然給他學到梳新髮髻的技術。然後懇求沈蘭玉推薦他為慈禧太后梳頭，果然得心應手，慈禧滿意。而自此之後，李蓮英日漸得寵，到慈安太后去世後，更無忌憚，由梳頭房晉升為總管，權傾朝野，後來更營私納賄，無惡不作，奔走其門下而得顯位者亦有多人。在最得寵的時候，他常與慈禧一同並坐看戲，內廷御膳，所食餘之菜式，例由內監享用。慈禧遇有李蓮英所喜食的東西，多節食來留給他，可說無微不至。

報訊有功　終身得寵

慈禧太后在四十歲壽辰時，賞給李蓮英的東西甚多，其中有極為珍貴者，如蟒緞福壽等字，一若朝廷之大臣然。而當日內自軍機，外自督撫，無不有向李蓮英送禮者，所以他的私蓄甚厚，據説以千萬計。

李蓮英為人十分機警，能先知慈禧太后之意。

慈禧晚年的時候，不喜説話，個性變得乖戾，而李蓮英卻處處摸到慈禧太后的心理，舉凡慈禧每天要用的東西，細微如喜歡甚麼湯，服甚麼藥，穿甚麼衣服，李蓮英都能早為預備。有時適值李蓮英放假時，替代李蓮英服侍慈禧太后的太監，就經常撞板，有些太監被慈禧鞭撻得體無完膚，故據説當時有很多太監央求李蓮英不要放假者。

又據説有一日，慈禧去奕訢府邸，途過李蓮英所居之處，見其門上貼有「總管李寓」四字，慈禧站在那裏觀看良久。

李蓮英殊屬機警與小心，馬上命人拆去該四字，然後向慈禧稟告曰：「小人在內廷當差已久，小內監不謹，妄貼總管等字，我已找他痛笞，乞交內務府嚴辦，以警餘者。」

慈禧笑曰：「你已做得很好，何必再交內務府辦理。」從此事可見李蓮英能窺伺慈禧太后的意思和處事小心。而相傳李蓮英之終身得寵，除了他本人精乖和善知人意外，相傳還有一段故事的。據說咸豐帝於病篤時，頗怕慈禧恃子生嬌，而厭惡慈禧之心日大，曾與肅順言想將慈禧無罪賜死。此事不知如何為李蓮英知道，乘夜爬狗洞潛往報告慈禧胞妹奕譞夫婦，奕譞夫婦翌日即攜同同治前往問安，從中排解咸豐對慈禧之成見。致後來咸豐放過慈禧，只書一密諭與慈安太后作為防範。因此，慈禧終身感激奕譞夫婦與李蓮英，而先立光緒，再立宣統（都是奕譞子孫）即此因也。而李蓮英獲寵達五十年，恩眷弗替，固由於機警使然，亦因當日報訊有功也。

貴為天子　食不能飽

清末的著名太監除了安得海與李蓮英外，尚有一名寇連材。

寇連材之出名是因勸諫慈禧太后而被誅殺，以及留下日記暴露了宮中一些內幕所致。寇連材是直隸昌平州人，十五歲即閹了身入宮。初時是慈禧太后梳頭房的太監，甚獲慈禧寵愛，後來再成為會計房太監。光緒二十一年，慈禧太后對光緒的瑾妃和珍妃異常刻薄，又勸光緒吸食鴉片，蓄志廢立。更令太監李蓮英與內務人員在外大放謠言，說光緒如何失德等，作為廢立之先聲。同時又將大興土木，修圓明園。寇連材把一切都看在眼裏，結果在光緒二十二年二月，親寫一奏摺勸諫慈禧，條陳十事，包括請慈禧勿攬政權，歸政光緒、請勿修圓明園、請革李鴻章職等，慈禧閱罷大怒，疑有人指使，但見其文理不通，又多別字，再令寇連材背誦一遍，無甚錯誤，乃知確為寇連材自己所寫。

慈禧太后乃親訊寇連材，並對他說：「你知否祖制規定內監不准言政事？」寇連材對曰：

「知之，然事有緩急，不敢拘成例也。」慈禧又曰：「你知此為死罪乎？」對曰：「知之，拚死而上也。」至是慈禧嘆息曰：「既如此，不能怪我太忍心矣。」即命交刑部照例辦理，結果判斬決。

寇連材被帶往菜市，被斬決時，脫手上一碧玉斑指贈劊子手，並說費心從速。再以玉佩、金環各一贈給前來相送之內監，然後從容就死，神色不變，死時才十八歲。寇連材死後留有一日記，暴露了宮中頗多內幕，指出光緒備受慈禧虐待，更不准其親近親生父母，所以自小就伶仃異常，有若孤兒。又說光緒每日三膳，菜式十餘款，羅列滿案，然離光緒稍遠之菜餚，半已臭腐，蓋連日以原饌供也。然近光緒之菜餚，多已乾冷，致光緒的胃口大打折扣，每食不能飽，有時欲令御膳房易之，則御膳房必奏明慈禧，慈禧即以儉德責之，所以光緒雖貴為天子，而生活實在並不好過！

醇王府內　古柏被砍

奕譞雖然處事極度小心，盡量表示自己謙退和沒有野心，慈禧恩准他們夫婦可乘用杏黃色轎也不敢用，但還不是完全風平浪靜。主因是有些王公大臣見他特受恩遇，自不免妒忌，因而有不利他們的傳言。而慈禧對奕譞，則亦漸加防範，尚幸奕譞一直保持着敏銳的嗅覺，懂得自衛之道，方能仍在政治浪潮暗湧之中生存。據《清朝野史大觀》所載：有人對慈禧太后說，奕譞所住的醇王府，有一古柏，長榦被蔭數畝，風水家說這是王氣，當再出皇帝。慈禧聽後馬上起了猜疑，一日直趨醇王邸，問奕譞曰：「你屋後是否有一棵老柏樹？」奕譞對曰：「是的。」慈禧便直到樹下，徘徊觀看良久始去，過了幾天，慈禧又再去看，然後對奕譞說：「我園中興建巨殿，無法選得上好的中樑之木材，此柏樹修直達數丈，用以為樑就最好不過矣。」奕譞叩首曰：「唯太后命。」

結果慈禧就真的下令工匠前去伐樹，據說在工匠砍至半途時，樹倒而有蛇數十條飛出，其一跌落在慈禧太后面前，把慈禧嚇得立即乘輿還宮，後來更生起病來而至數日未有視朝。

但另一些書籍亦有記載此事，只是所說頗有出入，據《末代皇朝秘錄》所載，是說慈禧因為聽人家說，醇親王府之出了皇帝，是因為醇王府的妙高峰墳塋內有兩棵大白果樹，而大白果樹下又葬了醇親王，「白」、「王」二字合起來正好成了一個「皇」字。結果慈禧就命人把兩棵白果樹鋸了下來。同時更傳出在鋸樹時，從樹身走出了很多蛇來，後來更有人牽強附會的說義和團便是那些蛇精所化。

以上的傳說，不管孰真孰假，都是說明了慈禧對奕譞已有嫉忌之心。所以若非奕譞機警和懂得自保，則極可能已有禍了。同時更傳由於上述風水的故事，致慈禧對光緒也起防範之心。而光緒之沒有子女，就有隱約的傳說是慈禧命太醫給光緒吃了某些藥物所致，當然這是毫無根據的傳言。

光緒絕嗣　傳說有因

慈禧太后的支配慾望極強，對同治與光緒都嚴為控制，不單只控制政權，而且更干預他們的婚姻及婚後的生活。同治因為早死，死時才十九歲，沒有子女也並不出奇。但光緒死時已接近四十歲，依然沒有子女，而他又不若同治的喜好尋花問柳，所以就有隱約的傳說是慈禧命太醫給光緒吃了某些藥物，使他絕嗣，日後便可以隨自己意思去擇立皇帝，使之成為傀儡，政權便仍集於一身。

同治去世之後，他的皇后因不堪慈禧太后的虐待自殺而死，前文已有述及。至於光緒選立皇后時，慈禧太后早已大權獨攬，時慈安太后亦已去世，所以她不容光緒學同治那樣違反自己的意思，選立自己喜歡的皇后。

慈禧太后強迫光緒立她的胞弟桂祥之女作皇后（即隆裕后），而把光緒所愛的立為珍妃。由此，光緒與隆裕后便成了怨偶，光緒由始至終都不喜歡隆裕后，而隆裕后在慈禧太后的庇護之下，不過是虛有一個皇后的名銜，實際卻是守了一生活寡。

而慈禧太后最野蠻的地方是，她竟然認為光緒之不與隆裕后親近，是因為珍妃的阻隔。所以，珍妃入宮後一直未有好過，被慈禧太后遷怒之後備受虐待，常加鞭撻，甚至要她弛衣受杖，可說盡量的屈辱她。在慈禧太后的眼中，大概認為除去珍妃，光緒就會寵愛隆裕后，而她由始至終都不明白男女之情是不可勉強的。

珍妃一再為慈禧太后折辱，身為皇帝的光緒雖然甚愛珍妃，但卻一點辦法也沒有，在慈禧面前更不敢袒護珍妃、據說光緒有時積鬱過甚，便會以內監來出氣，痛打內監和擊毀宮中雜物等，作為發洩。日積月累，積怨更深，而致日後兩人勢成水火，引致日後戊戌政變權力之爭。

而珍妃的結局，也是被慈禧殺死的。在八國聯軍攻入北京，慈禧太后出走之時，就命人把珍妃推入井中，活活的淹死。

珍妃慘死　宮中鬧鬼

對於珍妃之死，野史有頗詳細之記載：

據說珍妃是個性急的人，但十分聰慧，很得到光緒的歡心。而珍妃年幼時在家中讀書，老師就是文廷式，所以珍妃是頗通文史者。後來珍妃人宮後，屢向光緒提及文廷式這人，後來文廷式便成為侍讀學士。

在中日之戰時，文廷式曾聯合朝臣上疏，請起用恭王主軍國事，當時慈禧太后已大權在握，對恭王早已疏遠。光緒極力希望能起用恭王，內監就傳出謠言，說這是珍妃的主意，太后聞言大怒，除杖珍妃外，並把她囚於三所，僅通飲食，珍妃之兄禮部侍郎志銳，則被謫烏里雅蘇台。光緒由此而鬱鬱寡歡。到八國聯軍於光緒二十六年七月將要攻入北京之時，慈禧太后身穿夏衣，梳便髻，光緒則穿青綢衫，與皇后等人準備逃走。臨行時，慈禧太后命內監總管崔某把珍妃從景運門外的三所牽出來，對她說：「你年尚輕，今土匪漸起，倘遭污，莫如死。」説罷便命內監崔某用氈把珍妃包起來，推人井中。

到翌年八國聯軍退出北京後，慈禧太后回鑾，當日把珍妃推入井中的內監崔某仍當總管，慈禧太后這時卻假惺惺的説：「我當日説珍妃遭亂莫如死，並非説一定要把珍妃置之死地的，只一時之言而已，而崔某便即行把珍妃推入水井中，所以這次回京後，每次見到崔某都覺得心怦怦動。」到後來，慈禧太后便藉此把崔某送到別處，而調李蓮英為內監總管。

更有野史所載説慈禧太后此舉，是因慈禧回京後，在宮中常見鬼，是珍妃的陰魂不息也，因此把崔某摒斥遠處。不久，再從井中起出珍妃的屍體，把她安葬在京西田村，鬧鬼之事始寢息云！後來著述《崇陵傳信錄》的惲毓鼎有詩悼珍妃云：「金井一葉墜，淒涼瑤殿旁，殘枝未零落，映日有輝光，溝水空流恨，霓裳與斷腸，何如澤畔草，猶得宿鴛鴦。」

中法之戰　失去安南

歷光緒一朝，接連發生了幾項重大事件，都足以影響清朝的國運。其中包括（一）中法之戰；（二）中日甲午之戰；（三）戊戌政變；（四）庚子拳亂與八國聯軍。

中法之戰起因是為了安南（即今之越南）。安南與中國有長遠的歷史關係，雖自立為國，但幾乎歷代都是受中國冊封，為中國之藩屬，向中國朝貢。

法國人於同治年間便有吞併安南的野心，積極地向安南侵略。但當時中國適有太平天國之亂，清朝無暇理會這事。後來法國更誘安南與之締結友好條約，承認安南為獨立國。

光緒元年，法國把這事通知中國，清廷覆函反對，說明安南為中國屬邦，不能同意此事。但法國不理，對安南侵略更日益積極，直至安南與法國發生戰爭，中國遂向法國抗議，但法國亦置諸不理，且對安南的軍事行動日益加強。這時國內輿論皆主張出兵安南，清廷內則分有主戰和主和兩派。最後朝廷終命彭玉麐赴廣東督辦海防，並下令滇粵兵進入安南邊境，準備與法國一戰。這時適好法國內閣改組，不願與中國正面衝突，透露和意。結果恭王奕訢派北洋大臣李鴻章與之談判。

時李鴻章正全力建設海軍，認為海軍建設尚未完成，不能隨便與外國開戰。所以李鴻章本來就是清廷內的主和派，既擔任與法國談判，便與法國駐華大使寶海擬定了一項中法和平草約，同意安南受中法兩國共同保護。

不料後來法國又悔約，再加派軍艦東來，攻下安南都城順化。光緒十年，中法兩國軍隊在安南血戰，結果中國軍隊不敵。消息傳至北京後，慈禧太后恐怕法艦進攻中國沿海，結果再命李鴻章與法國談判，議定條約包括有法國保證不侵犯中國邊境，但中國要承認法國與安南所訂之一切條約等。由於此約等於承認安南為法國保護國，朝野譁然，不少人便指責李鴻章辱國失地。

戰事再起　再簽和約

李鴻章既與法國商定和約，安南戰事本可結束，不知是當時的通訊設備落後還是甚麼原因，中國駐在安南的軍隊，既不知雙方已經議和也未獲得撤兵的命令。結果就在諒山一地，法軍前往接防守時，雙方發生衝突，法兵死數十人。

法國便藉口說中國不依期撤兵，下令艦隊駛向中國沿海，要求中國賠償巨款。初時清廷派出曾國荃與法國交涉，答允賠款五十萬両，但法國堅持要賠款二萬萬五千萬法郎，結果無法成議。於是雙方斷絕邦交，戰事再起。法國首先封鎖中國海上交通，接着攻佔台灣基隆港與澎湖島，炮毀福州船廠，並擊沉保護船廠之兵艦十餘艘。此時為光緒十年七月，清廷憤於法國之橫行和輿論的壓力，正式下詔對法國宣戰。初時，中國在海事上輸與法國，而駐安南軍隊與法軍作戰節節敗退，在軍事失利，清廷便不得已又通過英國向法國尋求議和。而法國方面亦恐戰事拖延，難於長期支持，亦有言和之意，雙方便進行秘密談判。

到光緒十一年春，雙方秘密談判接近完成，法國目的只要中國承認過去李鴻章與法國所訂之條約，不再提出新的要求。而就在這個時候，中國駐安南軍隊與法軍作戰突然轉敗為勝，接連克復諒山等多個地方，準備乘勝追擊之時，就接到停戰的命令。

當時駐安南之中國軍隊大感失望，不明白清廷的意向。

事實卻是當時雙方秘密談判接近完成，清廷接得中國軍隊在安南的捷報，認為是議和的最好機會，便託英國大使出面調停，因此而有停火之會。

結果清廷仍以李鴻章為全權大臣與法國大使在天津談判，終於簽訂和約，大致與以前所擬之條約相同，中國承認法國與安南所訂之一切條約。中法之戰至此宣告結束，但與中國有深長歷史關係的安南，就從此與中國脫離關係。

中日之戰　源起朝鮮

光緒年間第二件影響深遠的大事就是中日之戰，而中日之戰卻是源起於朝鮮。日本與朝鮮與中國的文化，原本都有很深的關係。

日本在咸豐與同治年間備受英國與美國之威脅，要求通商。時日本人與中國人一樣存有排外思想，對通商多不贊成，結果就有同治元年殺死英人事件，致英海軍炮轟鹿兒島。日本因此事件與美艦之威脅，認為奇恥大辱。但日本深明當日西方武器之厲害，要求存就必須模仿。結果日本在一八六七年（同治六年）明治天皇即位之後，即進行「明治維新」，派出大批學生到歐美去留學，接受西方的文化與思想。到光緒初年，日本已有不少留學生學成歸國，大量翻譯外國科技書籍，改革學制，建設新式工業。在二十年間，日本迅速的變為一個歐化的國家。不料日本工業振興之後，侵略性亦加強，企圖向外擴張，首先就是侵略琉球，繼而朝鮮。在同治與光緒年間，朝鮮就一再發生內戰，既有親中國的黨派亦有親日本的黨派。在光緒八年與光緒十年的兩次重大內亂中，中國與日本都派軍隊到朝鮮去平亂，而中日兩國衝突之始就起於朝鮮。當時日本屢次故意在朝鮮製造亂事，以圖從中取得好處或藉口增援來控制朝鮮，但又不敢倉卒與中國開戰，因為日本估料形勢仍無必勝把握。所以中日兩國於光緒十年（一八八五年）為朝鮮問題議定了條約三款：（一）中日兩國駐於朝鮮之軍隊各自撤退；（二）朝鮮練兵兩國皆不派出教官；（三）如朝鮮有事，兩國或一國如需派兵前往，須先行文知照。

朝鮮原本為中國之藩屬，此條約訂立後，朝鮮無形中變為中日兩國的屬國。而第三條條款，就成為日後中日糾紛甲午戰爭之源。此條約當日是由李鴻章與日本的全權大使伊藤博文議定的。因此，李鴻章實在難辭其咎，被後人抨擊為賣國，大有原因也！

甲午戰敗　割讓台灣

到光緒二十年，朝鮮又發生重大的內亂，朝鮮之東學黨人在日本的支持下，殺戮官吏，搶奪軍械，亂事蔓延日甚，朝鮮政府無法控制，便乞援於中國。在中國派兵去朝鮮時，依約知會日本，但日本以護僑為名，亦同樣大量出兵去朝鮮。在中日大軍抵達朝鮮後，東學黨人四散，亂事不敉而平。中國便向日本提出同時撤兵，不料日本卻提議與中國共同改革朝鮮內政，但清廷以朝鮮為獨立國，不宜干涉其內政，拒絕了日本的提議。

接着日本便不理一切，擄去朝鮮國王，矯詔宣佈朝鮮自主，不再向中國進貢，繼又矯詔宣佈請日本驅逐中國駐在朝鮮之軍隊。

局勢至此，中日之戰已無可避免。以當日之對外戰爭而言，海軍是十分重要的一環。而中國的北洋海軍，自光緒十四年以後，未添置過新艦，未添置過新炮。中國海軍的擴建費，被慈禧太后拿來修建頤和園，使到北洋大臣李鴻章巧婦難為無米之炊，甚至想添置必須的炮彈也無經費，而最畸形的發展是，使到中國原有的戰艦上，只有小口徑的炮有炮彈，大口徑的大炮則無炮彈可用，被迫擱置。到戰事迫在眉睫之時，急忙去購買炮彈，以當日的運輸情形來說，卻不是一下子就可以運到的，而中日之戰，特別是海戰上的失敗，就與此有莫大關係焉。中日之戰首先在朝鮮戰場掀起，但豐島海戰、平壤之戰，與黃海之役，中國軍隊均告戰敗。日本得勢不饒人，分兵渡過鴨綠江進攻中國遼東及由海道進攻旅順、大連，不旋踵便佔領了大連，再而進攻威海衛，北洋艦隊全部覆沒，十一艘投降。清廷至此已知戰勝無望，便請英美法俄等國公使調停。結果簽訂了《馬關條約》，要點是中國賠軍費二萬萬両，承認朝鮮獨立，割奉天南部、台灣、澎湖群島與日本，日本可在中國各通商口岸自由從事各種製造工業，課稅照日貨輸入辦理，享受一切優例豁免。

台民抗日　建民主國

中國與日本訂立《馬關條約》，把台灣割讓與日本，台灣方面就發生了驚天地泣鬼神的故事。

在割讓台灣的消息傳到台灣後，台灣人極不願意接受日本之統治，初時台灣的紳商齊集會議，決定先請求清廷不要履行條約，但清廷不理。台灣與福建一直以來都關係密切，所以福建京官甚至建議捐銀給日本贖回台灣，但清廷一樣不予理會。

台灣人民見清廷不理，又不願被日本統治，在無路可走的情況下，便決定組織台灣民主國，與日本對抗到底。選定唐景崧為總統，丘逢甲為副總統兼義軍大將軍，並電報清廷說：「台灣紳民，義不臣倭，願為島國，永戴聖清。」說明立國目的志在抗日。隨即佈置軍事設施。

到光緒二十一年五月初六日，日本派兵到台灣接收，在台北澳底登陸，遭遇台灣義軍的迎擊，接着日軍攻入基隆，但仍未敢立即進入台北城。不料數天後，當時唐景崧所率參加抗日的淮勇發生兵變，唐景崧認為大勢已去，竟立即離開台北返回福建，台北遂為日軍所佔。在唐景崧走後，台灣紳民公推劉永福為第二任總統，淮勇雖變但台灣的義軍戰意更為高昂，在新竹一帶與日軍發生大小二十餘戰，雙方死亡皆多，其後新竹失陷，丘逢甲率領義軍在苗栗、彰化等地又發生過多次惡戰，而以彰化八卦山一役最為慘烈，義軍統領李士炳、吳湯興等皆戰死，日軍指揮官能久親王亦陣亡，積屍如山，血流成河。

後來台軍經此役後，彈藥不繼，又無外援，便有人提議進入山中與山胞合作，繼續抗日。但多數人認為此舉必被消滅，不如退回大陸徐圖後計。丘逢甲等人遂揮淚離台，不久整個台灣便為日本所得。丘逢甲離台時，寫下了六首詩，最為人傳誦的第一首為：「宰相有權能割地，孤臣無力可回天，扁舟去作鴟夷子，回首河山意黯然。」悲憤悽愴之情，盡託詩中。

元氣大傷　威望盡失

在清末的歷史中，中日甲午之戰可說是影響極大的事件，使到清室元氣大傷，威望盡失。而與日本所訂立之《馬關條約》，引致了列強瓜分中國之想。

首先是俄國以中國承認朝鮮獨立，再而把遼東半島（即奉天南部）割讓與日本，認為日本勢力橫亙在前，對俄國極為不利，因而約同法國與德國向日本交涉，日本終因畏懼各國的勢力而把遼東半島退還給中國，但要中國增加賠款三千萬両。

由於俄國提出上述的干涉，表面似乎是在幫助中國，而實際卻是不願日本勢力橫亙在前而阻礙俄國向南擴張。但當時清室並沒有想到這點，反而認為俄國是中國的朋友，所以聯俄來制日。結果於光緒廿二年派李鴻章到莫斯科，簽立近似聯防的密約。在這密約中，中國准許俄國在黑龍江、吉林等地建造鐵路至海參崴，而俄國就利用這點，成為日後侵略中國東北的跳板。

同時在《馬關條約》簽訂後，俄、德、法三國以要求日本歸還遼東半島給中國有功，紛向中國索酬，英國本來沒有參加此次事件，但同樣以均勢為理由向中國要脅。

首先俄國租借了旅順、大連廿五年，德國租借膠州灣九十九年，法國租借廣州灣九十九年，英國就迫清廷將九龍半島及附近島嶼與大鵬灣等租借與英國九十九年。

此時中國局勢，已陷入極度危險中，列強在中國爭取利益之心日劇，極可能因所得不均而互相殘殺，而美國就覷準了此點，及時向列強提出中國門戶開放政策，要點包括：各國在華所得利益互不干涉；各國所得港灣，對任何國家入口商品，皆遵中國海關所訂稅率徵收等。各國以此政策並未妨礙本身利益，更可減少因利益而衝突之機會，便都樂於遵守，於是中國門戶開放便成為列強的共同對華政策，而中國亦暫時得到平安。

慈禧毒計　欲擒先縱

中日甲午之戰，可說對中國影響最大。此次戰敗之後，舉國人士都感到難堪。因為以日本一個島國，居然可以擊敗自命天朝的中國。而苦心經營之北洋艦隊，又在此役全軍覆沒。所以在甲午之役後，國人便有了改革的思想，而維新運動及戊戌政變便由此而來。

當時光緒帝雖然已經親政多年，但只是一個傀儡皇帝，大權仍在慈禧太后的手裏，二品官以上之任用與革職都要向慈禧請命。而光緒帝一直都很想把大權收回來，以便可以改革朝政。有一日，光緒對慈禧所信任的慶親王奕劻說：「若太后仍不願給我以事權，我寧願讓出此位，決不甘作亡國之君。」

後來奕劻把這番說話告知慈禧太后，慈禧大怒，立即衝動的想用最嚴厲的辦法來對付光緒。奕劻從旁勸止，並對慈禧太后獻計說，如果一下子嚴厲的對付光緒，極易引起不利的流言，倒不如實行欲擒先縱的辦法，先放手讓光緒去搞，待他搞得不成樣子然後出來收拾他，那麼就可以減少許多的流言，慈禧太后聽後，想了一會，也覺得是個好辦法，便授計奕劻如何如何。

過了幾天，奕劻真的去對光緒說，慈禧太后並無意禁止他行使大權，他可以組織各人去改革朝政。光緒這人也十分天真，真的相信慈禧太后放手讓他去改革朝政，而所謂「百日維新」即由此而起。當時主張變法維新的就有康有為與其弟子梁啓超等人，而康有為亦曾多次上書皇帝。康有為是廣東南海人，在光緒十九年曾中鄉試舉人，光緒二十一年到北京會試中進士，授工部主事。

康有為初時的幾次上書皇帝只有第三次光緒看到，但光緒這時並無權力。其他的均被當時的朝廷命官阻止而未能上達。到第五次上書時，因侍讀學士徐致靖、御史楊深秀、侍讀楊銳等協助，給事中高燮的力薦，順利的到達光緒手中和獲得光緒的召見。

百日維新　全盤失敗

當光緒召見康有為，準備實行維新變法之時，朝廷內不少親王、大臣等對此事極力反對。加以慈禧本意亦非真的讓光緒去變法維新，只是一種欲擒先縱的辦法。所以，如果明瞭事實真相，光緒根本是無法實行變法維新者。光緒在召見康有為之後，亦分別召見過譚嗣同、梁啓超、嚴復、楊銳、劉光弟、林旭等人，分別賜予四品至六品的官銜，參預新政。

在戊戌百日維新期間，光緒所發出的詔書，也多由上述數人擬定，包括對政治、經濟、教育、軍事等各方面的改革措施。

但光緒所下的詔書，都為當朝大臣等人反對和攻擊。所以在百日維新的幾十道詔書，朝廷命官都置若罔聞，而這些詔書便有如廢紙空文。

另一方面慈禧在光緒要召見康有為時，已經開始部署一切，準備迫光緒讓位。她先任自己的親信榮祿為直隸總督，控制近畿的軍隊：袁世凱新建之陸軍、董福祥之甘軍、聶士誠的武毅軍，均受直隸總督之控制。同時，慈禧太后更暗示朝中守舊派對新政諸多攻擊和詆譭，致後來有人上書慈禧，請求殺康有為、梁啓超以謝天下，更有人到頤和園跪請慈禧重新聽政。有了這一切藉口，慈禧便認為廢去光緒帝位的時機已至，便與榮祿合謀，要光緒奉太后到天津閱兵，到時便乘機以兵力迫光緒讓位。

不知這消息如何走漏讓光緒知道，他雖然不知道慈禧的全盤計劃，但卻明白自己的處境十分危險。到這時光緒才發現自己根本欠缺軍人的支持，所以就想到拉攏有力量的軍人作為後盾，以對付榮祿。光緒首先就想到袁世凱，便派人去向袁世凱試探，不料袁世凱陽為答應，肚子裏卻另有一套詭計，終於光緒與維新派的人物全部栽在袁世凱手裏。在光緒發覺形勢日益險惡之時，暗令康有為、譚嗣同等人相救，結果譚嗣同深夜往訪袁世凱，就被袁世凱出賣了！

袁奸告密　光緒被囚

譚嗣同深夜去見袁世凱，告以慈禧與榮祿將有廢黜光緒之舉，希望袁世凱以兵力保護光緒及清君側。

袁世凱這個人實在十分的不可靠，而光緒與維新派等人在這方面可說有眼無珠，所託非人。結果，袁世凱不但沒有軍力相救，隨即在譚嗣同離去後，馬上跑到頤和園向慈禧太后告密。

慈禧太后知道光緒想拉攏軍人來對付自己後，怒不可遏。隨即於八月初六日把光緒囚於南海瀛台，向外訛稱皇帝有病，需要靜養，並下詔重行垂簾聽政。

接着便是大舉搜捕維新分子，康有為與梁啓超便成為慈禧捕殺的對象。

在光緒被囚之前一日，已有消息透露情況十分危急，時為光緒二十四年八月初五日，康有為獲得消息即在天未明時攜僕出京，他當時獲得的消息是：太后是否復出訓政，已至決定性時刻，倘太后復出，他的性命必定不保。

康有為有一胞弟康廣仁，也是維新派人物，而康有為逃走時，未有攜同胞弟，且令他遲日才走，以致康廣仁後來被殺，招致了物議。高陽先生所著的《翁同龢傳》就指康有為賣友賣弟，在情況危急之時，明知自己既有殺身之禍，亦必株連其弟及同黨譚嗣同等人，而竟忍心一走了之。而梁啓超則聞變避入日本使館。

不久，譚嗣同、康廣仁、楊深秀、張蔭桓、楊銳、林旭等都先後被捕，徐致靖、劉光第等則自行投獄。

結果在八月十三日，康廣仁、楊深秀、楊銳、林旭、譚嗣同、劉光第等六人被斬首，世稱之為戊戌政變之六君子。

其他尚有多人被下獄、革職、遣戍新疆等，同時清廷下令通緝康有為及梁啓超歸案，逮捕家屬，查抄家產，新政至此全部被推翻。由光緒下詔至眾人被捕殺，維持僅一百零三日，故史稱為「百日維新」。

論康有為　譭譽不一

康有為因為「百日維新」而聲名大噪，而變法之事，當日固被朝廷內之守舊派既得利益者大肆攻擊，而他所著之書如《新學偽經考》更被人指為「惑世誣民，非聖非法，同於少正卯」，暗指其「心逆而險，行僻而堅，言偽而辨，記醜而博，順非而澤」，孔子所指少正卯之大惡五也。

對於康有為一生之行事，至今仍譭譽不一，高陽先生就有「康有為十疑詩註」，附錄於《翁同龢傳》內，指康有為欺君、賣友、賣弟，且稱之為康有偽。皆有多方面的考據。現在不妨又從另一角度來看看他，那就是根據他的「命造」來看。按康有為生於咸豐八年（一八五八）二月初六日子時，陽曆為三月二十日。四柱八字為：戊午、乙卯、壬子、庚子。根據命理名家汪希文（按即汪精衛的姪兒）於四十年代評他的命造全文如下：

「康有為，原名祖詒，字長素，號更生，南海縣人，嶺南耆儒朱九江（次琦）之高足，光緒乙未年成進士，官工部主事，首倡變法維新之議。光緒戊戌之後，轟動一時，結果雖失敗，但康氏一舉而成大名，初組保皇黨，入民國之後，改為進步黨，在政壇上與國民黨分庭抗禮，至今演變而為民社黨，仍有其政治上之影響力，若康氏者，不可謂非偉大人物，其生平事跡，國人皆知，茲不多贅。孫中山先生在前清奔走革命時，屢次向人表示，願與康氏合作，康氏首徒梁任公（啓超）主張尤力，而康氏不同意，始終未與孫中山先生會晤。孫、康二氏均因國事遍遊海外各大埠，中山先生善英語，早期剪髮，衣西服，一切行動多歐化，康氏則不論行抵何處，仍衣長袍馬褂，未嘗着過西裝，無改於東方儒者之風度。且兩人性格，完全不同，中山先生秉性豁達，康氏則執拗，宜乎其難以合作也。」以上為汪希文先生對康有為之簡介與性格之簡評。

天機化忌　機深禍深

汪希文先生接着評康有為的命造與氣運全文如下：「立命寅宮，胎元丙子。壬水日元與乙木均乘旺地，是水木真傷官格，故能享盛名。歲干七殺，受制太過，故仕途屢不得志，無法掌握政權。四十一歲戊戌年，在未運內、傷宮入墓，幾及於禍；幸而戌未刑開得免，先凶後吉。四十七歲以後，行庚申、辛酉大運，二十年皆是金運，以金剋木，去傷宮而留殺，名顯而獲多金。民國六年丁巳年，贊同張勳復辟，如曇花一現。民國十六年丁卯年（七十歲），其時溥儀廢帝已出北京，居於天津，尚有賜壽之典。翌年戊辰，在壬戌大運內，歲運相沖而壽終。享年七十一歲。據聞溥儀廢帝當時尚擬賜以諡號（如文貞公之類等，清朝視為易名之典）。俄而康氏有遺摺遞到，摺內大罵慈禧太后為那拉后，溥儀之左右侍臣指責其大不敬，遂撤銷賜諡之儀云。

以上是純以「子平」的理論來論康有為的命造，但若以紫微斗數來看，康有為的星盤是天機星化為忌星與巨門星同宮在卯宮立命，兼遇鈴星，本來就難以吉論。但此造之夙慧，在於福德宮為天梁星守，而天梁星在巳宮為陷宮，所以能盡發揮其所長。但除天梁星外，尚有祿存星，故易遭非議。而康有為命造可嫌之處為天機星化忌守命，空劫二星與天同星守財帛。既有「機深禍更深」之慮，而財的虛耗亦大。最為苦心經營的事，卻帶來了滔天的災險，觀乎戊戌政變幾致殺身之禍可知。在此難中本身雖然逃脫，但已禍及其弟康廣仁被殺，且被人指為出賣胞弟。

再加上康廣仁並不是一個可以做到「死時慷慨自如」的人物，在獄中痛哭，臨刑又痛哭，給人一個「枉死」的印象。所以讀史者就有不少責備康有為在逃走時，令康廣仁遲一天才走，以致康廣仁被捕和被戮。

立憲之論　有可商榷

戊戌政變時，康有為的星盤，流年剛好遇到天機星雙化忌守在奴僕宮，故此他不單只被人出賣（被袁世凱告密之事出賣），更因為自己的倉皇逃走，被人指為賣友，可說是天機星雙化忌守奴僕宮所造成的痛苦。而貪狼星雙化祿守事業宮，卻使他名氣更大。自光緒被囚於南海瀛台，康有為與梁啓超逃亡，參預變政的人被捕的被捕。被殺的被殺之後，變法維新可說是徹底的失敗了。

而康有為一生都是主張君主立憲，到孫中山先生認為必須推翻滿清，然後可以改革中國，並表示願與康有為合作時，康有為仍然堅持己見。

有關此事筆者曾與康有為的後人論及，據説康有為的觀點是：不論任何國家，必須有一個全民信仰的政治領袖或宗教上的神，然後這個國家的人民才能團結。並説中國當時在宗教上，是多神的，不若歐美國家之只信仰基督單一的神，所以中國人未能團結。因此，康有為就認為中國人既無宗教上的領袖，就應該有皇帝。

康有為之持有這個觀點，無非是希望國家內有一個萬人崇拜的領袖，使中國人在這個領袖統治下團結一致，發揮出團結的力量。

觀乎今日世界中，不少國家不論其國策如何，是對是錯，人民都能團結一起，甚至有些國家是瘋狂的擁護其領袖之狂行者，就符合了康有為的理論——要人民團結必有一個全民信仰的領袖。

但，康有為似乎忽略了這一點，在當時中國尚未實現五族共和之時，滿洲人始終被漢人認為是異族，更有人未能忘懷滿人入關時對漢人之殺戮，如「揚州十日，嘉定三屠」等事件。漢人是否真正的會對滿洲皇帝臣服？實有疑問。

再加上光緒及接踵而來的宣統，這兩個末代皇帝的表現，是否足以作為全民信仰的領袖，就更加有商榷的餘地了！

慈禧心理　仇外排外

戊戌政變失敗後，康有為之脫險過程亦有些曲折之處。

在慈禧太后於八月初五日決定收權，康有為一早得到消息，由天津逃往上海時，本來是乘搭新濟輪的，人亦已上船，但船未開行時，忽然有粵人四人趕到船上，與康有為耳語良久，終於康有為匆匆復行上岸，改搭英商太古公司之重慶輪。

據說當時四人之報訊是，清廷已知康有為將逃往上海，急電上海道，命令在康有為抵達時，立即捕之就地正法。

康有為便匆忙改搭英商的船隻，請英教士李提摩太向上海英領事求救，英領事聞訊後，再向倫敦方面請示，結果獲覆電許可，英領事乃於重慶輪將抵吳淞口時，乘小輪至其船，接康有為往英國兵艦，再把他送到香港，康有為方得免於難。

英國這種保護政治犯的行為，本來是國際法允許的，但慈禧太后卻因康有為之逃脫，更恨英國。再加上梁啓超之逃脱，也是因為得到日本之保護，自然認為外國人都不是好東西。

這應是慈禧太后排外思想的起源，接着她在幽禁光緒後，本來計劃把他毒死的，所以先説光緒有病。不料光緒有病的消息引起各駐京公使的關注，皆介紹西醫為其診治，慈禧太后無法固拒，結果為外國的西醫發現光緒無病，因此慈禧怕陰謀揭穿，不敢遽下毒手。

又慈禧於光緒廿五年十一月，又出過另一套計劃，立端王之子溥儁為大阿哥（註三），準備廢去光緒帝，命李鴻章試探外國公使的意思及希望他們入賀。不料外使均認為不應廢立及表示不會入賀。結果慈禧太后雖然立了大阿哥，仍不敢廢立。以上的種種原因，使到慈禧太后仇外之心理日強，排外之思想日烈。而接着而來的庚子拳亂，下詔對外宣戰，八國聯軍入京，使清朝的國祚再急劇縮短，都與慈禧太后濃烈的排外思想有關。

註三：

滿文阿哥是「皇子」的意思，原意是「兄長」，如公主叫做「格格」，原意是「姐姐」。

拳民入京　全城混亂

光緒一朝的第四件大事就是庚子拳亂和八國聯軍之攻入北京。

義和團起源於山東，初時稱為大刀會，是一個仇視西方宗教極烈的組織，常騷擾教堂和毆辱傳教士，而當時的山東巡撫毓賢不但不予制止，且以為「民氣可用」而加以獎勵。後來因為義和團隨意殺教民、焚教堂，傳教士便向清廷請求保護。清廷改派袁世凱為山東巡撫，調毓賢回京。在袁世凱管治山東時，痛剿義和團，義和團人馬在山東無法立足，便流竄入直隸，照樣焚教堂、殺教民。

這時適好慈禧太后的仇外心理極烈，所以表面下令嚴禁義和團滋事，另一方面派人暗中調查義和團的組織，結果在前任山東巡撫毓賢慫恿之下，及調查者窺得慈禧之心意，硬説義和團是可靠的義民。

當時朝廷內分有兩派人物，一派認為義和團英勇可用，可利用之以挫外夷，一派則認為不可縱容義和團開罪外國，以免招來更大的禍害。

慈禧到底是見識少，亦無遠見，在一股仇外情緒之下，終於為毓賢、剛毅、端王等大臣說服，於光緒二十六年五月引導義和團入北京。

義和團的拳民於進入北京後，即在北京燒香設壇，聚集更多新加入之拳民，一度多至數萬人，聲勢更盛。在朝內大臣支持之下，愈來愈兇，隨處毆打教民，焚燒教堂，董福祥所率領之武衛後軍，更與之聯同擾亂。五月十五日，日本書記杉山被殺，接着又瘋狂的焚燒教堂及西藥店，正陽門外商店民居四千餘所亦遭殃，全城陷入一片混亂，幾無秩序可言。慈禧太后為此舉行御前會議，當時有大臣力諫拳民不足用，外戰不可開，但慈禧太后由於得到消息說各國擬請她把政權交還光緒，更怒不可遏，便不顧一切下詔對各國宣戰，時為光緒廿六年五月廿五日。以載勳、剛毅統領義和團，下令進攻東交民巷各國使館，出賞格捉殺夷人，大禍由此展開！

慈禧逃走　聯軍入城

當慈禧太后下詔對各國宣戰後，義和團即行進攻東交民巷各國使館，但由五月底開始進攻，直至七月二十日接近兩個月的時間，義和團在軍隊之配合下，竟無法攻破使館區。而當時使館區內的守兵僅得四百餘人，教民僑民亦不過三數千，可見義和團只識對付手無寸鐵的無辜人士。

在義和團開始攻打使館區時，各國已聯盟起來組織聯軍對付中國，八國聯軍包括法兵一萬五千餘人，德兵二萬二千餘人，英兵二萬人，俄兵一萬八千人，日兵二萬二千人，美兵五千六百人，意兵二千人，奧兵四五百人，全數合約十萬人之衆，聯軍統帥則由德國將領瓦德西擔任，六月十八日已攻佔天津，至七月二十日再攻入北京，慈禧太后與光緒及皇后等人倉皇逃走，臨走前且出珍妃於三所，命人把她推入井中溺斃。

慈禧太后這次出走的路線是由北京經昌平，過居庸關到張家口，再轉南至山西大同，越雁門關至太原，後來再往西安。

光緒在到達太原時，本擬留在太原，但慈禧太后怕他乘機返北京議和，使她不得不歸政，便迫光緒與她一同去西安。慈禧太后與光緒這次的逃走，可說十分狼狽，慈禧太后僅身穿藍夏布衫，尚未梳頭。光緒則穿黑紗長衫，鋪蓋行李一概未帶。出京三日，均睡火坑，無被褥，亦無替換衣服，亦無飯吃，吃小米粥。

但慈禧出走時雖如此困苦，但一年後回京時，卻行囊甚豐，她與李蓮英的行李達三千車之多，可見貪污之烈。八國聯軍攻入北京後，苦的又是人民，聯軍竟獲其將領准許公開劫掠三天，更令人髮指者為除搶掠之外尚有姦淫。

當時北京婦女深恐被強姦而自殺者不可勝數，官吏中亦有很多因曾支持義和團而畏禍自殺，亦有全家自殺者。其中拳亂要犯侍郎徐承煜及尚書啓秀則被日軍捕獲，牽至刑場處決。

辛丑和約　又賠巨款

在八國聯軍攻入北京後，靠拜神燒香的義和團自非敵手，拳民紛紛棄紅巾四散。結果，除了議和一途，別無他法。慈禧再派李鴻章與各國談判。

和議於光緒廿六年十一月初開始，初時俄國與德國頗有意瓜分中國，但日本以自己的國力尚未充實，加上英美亦不贊成，大家的利害並不一致，所以談判一直拖延至光緒廿七年七月，然後由李鴻章與德、俄、英、美、法、日、意、比、奧、荷、西十一國簽訂了所謂《辛丑條約》。要點包括賠款四億五千萬両，分三十九年清償，連利息共九億八千二百餘両。北京劃定使館區域，區內由使館團管理，各國並得派兵駐守。毀大沽至北京間炮台，天津、北京、山海關間之交通要地，允許各國駐兵。從此，外國可以駐兵於中國之首都和其他要津，等於徹底地摧毀了中國的國防。而賠款連利息九億餘両，更使中國陷入更貧窮的境地。而慈禧太后對此事的態度是，只要外國不追究她，不迫她歸政，便幾乎是甚麼都肯答應了。中國在光緒一朝，經歷中法戰役之敗，中日甲午戰爭之敗，再經庚子拳亂之敗，元氣可說傷盡了。

但接着而來，在光緒廿九年，中國東三省又有戰亂，東三省的人民又經歷一次極大的苦難，但這次並非中國與外國開戰，這才叫無辜。那是因為日本與俄國爭奪中國東三省的權益而發生戰爭，日本與俄國作戰，戰場竟在中國的東三省。此次日本戰勝，俄國戰敗，而中國雖然保持中立，但損失較諸戰敗之俄國尤甚。日俄兩國於光緒二十一年所訂之條約的要點是：俄國承認日本在朝鮮政治、軍事、經濟上之利益，俄國退出東三省並將旅順、大連之租借權及長春至旅順的鐵路，經中國允許轉讓與日本，俄國割庫頁島北緯五十度以南與日本。

朝鮮於此役無形中為日本所滅亡，而日本之軍國主義便因此次戰勝而高漲，而中國就更加一蹶不振。

光緒暴斃　傳被毒死

清朝經歷多次對外戰敗之後，民間革命的思想愈來愈濃厚，清朝終於不久就滅亡了！

清室在滅亡之前，也窺察到如果再不實行政制的改革，民憤會愈來愈大，不滿的氣氛更濃。

所以光緒三十一年，就曾派五大臣出洋考察憲政，而考察完畢回來也主張君主立憲。只是慈禧太后並無誠意，雖曾頒佈過一些預備立憲的詔書，也只屬一些虛招和拖延時間而已！並非真的想實行君主立憲的。

就在清室在要這些手段時，光緒與慈禧太后先後一天死去。

慈禧是因年邁多病去世，固無人懷疑其死因。但光緒時在盛年，還未夠四十歲，遽爾暴斃，於是便有傳說光緒是被慈禧大后毒死的，而袁世凱亦參與其事。

據光緒皇帝近侍惲毓鼎所寫的《崇陵傳信錄》，文中指出慈禧太后瀉肚病重，光緒皇帝面有喜色，慈禧太后大怒曰：「我不能先你而死！」

光緒三十四年十月廿一日，光緒皇帝即告駕崩，到十月廿二日，在頤和園剛度過七十四歲生日的慈禧太后亦告逝世。據傳說慈禧太后患上痢疾，自知不久人世，但她不甘心死在光緒皇帝之前，所以下了毒手。

這些傳說連宣統皇帝溥儀也聽過，據說光緒皇帝死前一天還好好的，但服了一劑袁世凱送來的藥物後，就告身亡。按照清室常例，皇帝有病，大臣每天所開的藥方，都要分抄給內務府大臣每人一份，如果病重，還要抄給軍機大臣一份。

據內務府大臣一位後人告訴宣統皇帝，光緒當時只是感冒，但不久就傳出光緒病重消息，而更奇怪的是不夠兩個時辰光緒就去世了。而內幕的消息說因袁世凱曾在戊戌政變時出賣過光緒皇帝，所以也怕慈禧一旦去世，光緒掌權，則自己性命必定不保，所以與慈禧太后合謀把光緒毒死。

宣統登基　年僅三歲

慈禧太后與袁世凱合謀毒死光緒皇帝的傳說，不少讀史之人都認為是可信的。因為慈禧太后若先光緒帝而死，慈禧太后的黨羽，必為光緒所剷除，而這確又是慈禧太后應有的顧忌！

據說在光緒皇帝死後，慈禧太后立則緊急地諮詢袁世凱，以醇親王載灃的長子溥儀入承大統，並由載灃為攝政王。袁世凱對此事大表贊成。

袁世凱對此舉本意是增加自己政治資本，討好載灃。不料載灃監國後，未能忘記袁世凱與光緒之宿怨，再加上受人慫恿，故上任僅四十天，即令袁世凱開缺回籍。據說當年曾有少年親貴主張殺袁，另一說光緒皇帝臨終曾向載灃託付過心事，並且留下「殺袁世凱」四字硃諭，只是當時袁世凱位居軍機大臣兼外務部尚書，北洋六鎮皆其舊部，軍機大臣奕劻與陸軍部侍郎蔭昌與袁世凱感情甚好，載灃深恐殺袁世凱牽連太大，萬一北洋六鎮反叛便難應付，故未有實行。若當時載灃不理一切，執行光緒之硃諭，把袁世凱殺了，則清末民初之歷史完全改寫。

溥儀即位時，年僅三歲，改元宣統，是為清室最後一個皇帝。其父載灃為攝政王。溥儀登基後，曾稱慈禧太后為「聖祖母太皇太后」，光緒死後僅一天，翌日十月二十二日慈禧太后相繼去世。據官書所載她是死於下午一時至三時之間的，所謂「未刻」是也。起居註冊記載她的死因如下：「本年秋以來，時有不適，政勞殷繁，無從靜攝，眠食失宜，遷延日久，精力漸憊，猶未敢一日暇逸。本月二十一日，復遭大行皇帝之喪，悲從中來，不能自克，以致病勢劇增，遂至彌留。」

慈禧太后當國接近五十年，而她死後不久，清室就覆亡了。宣統只做了三年皇帝即被推翻。

慈禧太后既是維持滿清晚年殘局的一個重要人物，也是促使滿清更早走上滅亡之路的人物。她死後三年，陵土未乾，國祚已移！

第八章

氣數已盡終於敗亡的末代
——傀儡皇帝宣統

宣統命造　過於偏枯

清朝最後的一個皇帝宣統，生於清光緒三十二年（一九〇六年）正月十四日午時，陽曆為二月七日。

關於宣統的命造，徐樂吾與汪希文都曾有所評論，但兩人所說的日時均不同，徐樂吾說宣統是生於正月十四日寅時，而汪希文則說他是生於正月十三日午時。兩人所用之日元均為壬午，則應是十四日才對。至於時辰，則應該汪希文所說的午時正確。所以宣統的四柱八字應是：丙午、庚寅、壬午、丙午。汪希文在命理學上頗有聲名，他是汪精衛的姪兒，民國初年曾在宦海浮沉，他對宣統命造，有頗為詳細的評論，現節錄如下：

壬水日元，生於寅月，八字內一金、一水、一木，而火土則居多數，殊屬過於偏枯，倘能取棄命從財格，行南方火運，則大有可為。可惜壬水為陽水，不容其棄命（按：五陽從氣不從勢），既無法棄命，便以財多身弱論。貼身之庚金，被兩點丙火剋去，庚金無力生水，全靠立命在酉，胎元在巳，巳酉合金生水，納音亦有兩水，足資臂助。四柱純陽，不雜一陰，格局亦奇，但元神一弱至此，當然乏力統治全國。

民國六年丁巳年，溥儀年已十二歲，在辛運內，正印生身，太歲值貴人，靠辮帥張勳之力復辟，僅如曇花一現。民國十一年壬戌年，在卯運內，是貴人運，太歲壬水幫扶，寅午戌會火局，水在上而火在下，名為水火既濟，是年十七歲大婚，小朝廷熱鬧一時。民國政府依照優待清室條件，仍以外國君主之禮相待，遣使致賀，各國駐北京公使亦趁熱鬧往賀。溥儀一生，當以大婚那一年算是最有體面，從此便走下坡。越一年，民國十三年，太歲是甲子，子午相沖，日元坐下之位逢沖，帝座便坐不穩，在卯運之末，子卯相刑，被倒戈將軍馮玉祥逼宮出走，得日本人庇護，平安去天津，仍是卯運貴人之力。

只作傀儡　供人利用

在溥儀所著的自傳《我的前半生》，也說自己是生於光緒三十二年正月十四日的，可見正月十四這個日子不會錯，而汪希文評溥儀命造時，也是用正月十四日的日元，只是文字則印了十三日，相信極可能是手民之誤。

汪希文續評溥儀的命造下半部如下：「由二十歲至廿五歲，行壬運，弱水得比肩扶助，在天津張園作寓公，尚能平安渡過。民國二十年，九一八瀋陽事變，溥儀時年二十六歲，連年均值金水流年，又接行癸巳大運，壬辰癸巳納音是長流水，是小水不是大水，只堪作傀儡供人利用而已。民國三十四年，太歲值乙酉轉入甲午大運，水氣涓滴全無，木火土忌神一齊暴露，竟被蘇俄俘去，一再遷徙，流離失所。中共統治大陸，始由蘇俄移交中共，前後一共十多年，生活不會好過，皇帝夢則成為過去了。溥儀今年（一九五九年）五十四歲（按汪希文是於一九五九年評此命造者），太歲值己亥，壬水日元遇祿元，最近聞說可望得邀中共大赦之恩，不知確否？（按事後已證實為正確）。」

溥儀八字內有文昌星，尚非十分愚蠢之人，他平日頗長於「見人講人話，見鬼講鬼話」的，倘中共認為溥儀的「思想已搞通」，不特可以恢復其自由，不難給他一個委員的名義，利用他為懷柔滿族人民的工具，亦意中事矣。

汪希文的推測一點也沒有錯，溥儀是於一九五九年十二月四日獲得中共特赦，特赦令內容是：「罪犯愛新覺羅．溥儀，男性，五十四歲，滿族，北京市人。該犯關押已經滿十年，在關押期間，經過勞動改造和思想教育，已經有確實改惡從善的表現，符合特赦令第一條的規定，予以釋放。」

溥儀在自傳中描述自己聽讀特赦令的情況是：「不等聽完，我已痛哭失聲。祖國，我的祖國啊，你把我造就成了人！……」是否矯揉造作，留待讀者自己判斷了！

登基哭鬧　一語成讖

溥儀登基時，年僅三歲。由於光緒皇帝沒有兒女，所以在慈禧太后病情甚重時，突然決定接溥儀入宮做皇帝，承繼同治，兼祧光緒。

溥儀是道光皇帝的曾孫，道光皇帝的第七子醇親王就是溥儀的祖父。醇親王奕譞的妻子就是慈禧太后的胞妹，所以在同治死後，因為沒有兒女，慈禧太后就立了奕譞的兒子載湉（即光緒）為帝。

而接着光緒又沒有兒女，慈禧太后便接了光緒皇帝的胞弟載灃所生的長子溥儀入宮為帝，是為宣統。以上就是溥儀的家世。他就是因為這些關係而成為滿清的第十個皇帝，也是最後的一個皇帝。

現在我們又試從紫微斗數看一下溥儀的星盤，溥儀是紫微、天府同在申宮守命，命宮似乎不弱，但事業宮（古稱官祿宮）遇到廉貞星化為忌星，是為一生風浪之源。福德宮貪狼星守，殺、破、狼格而遇兩煞星會照，當難有為一國之君的福澤。六歲上運，一上運馬上遇到廉貞星化為忌星守事業宮，清朝亦於此時滅亡，何其吻合也。溥儀三歲的時候被接入宮，當時慈禧太后還料不到自己會那麼快死去。而接一個稚齡的人來做皇帝，已是慈禧太后演過的拿手好戲。

溥儀童年時是相當不聽話和喜鬧彆扭者。他入宮僅三天，慈禧太后即告病逝。慈禧太后去世後一個月，溥儀正式登基，但在登基大典中，就有大煞風景和一語成讖之事。

溥儀由於年稚和沒有耐性，在被抬到太和殿的寶座上時，大哭大鬧起來，在文武百官三跪九叩的時候，他更哭得厲害，大聲的哭喊說：「我不挨這兒！我要回家！」他的父親急得滿頭是汗，連忙哄着他說：「別哭別哭，快完了，快完了！」果然一語成讖，清朝真的是「快完了」。由溥儀登基而至滅亡，僅三年時間而已！

氣數將盡　下詔立憲

溥儀登基後，改元宣統，由其父親載灃為攝政王。

中國到這時，由於經過多次對外戰爭的戰敗，清廷的威望已盡失。更由於多次賠出巨款，不單只國庫空虛，而且借下不少外債。清室的氣數，至此已接近油盡燈枯之時。而由孫中山先生領導、決心推翻清室之革命團體「興中會」和後來的「同盟會」，於光緒十八年開始籌組以來，已經有了多次的革命行動。

加上孫中山先生到海外各地向華僑宣揚革命思想，這時候海內和海外的國人，都深知清室之腐敗，若不實行革命，推翻滿清，實無法改革中國。

所以，溥儀即位後，其父攝政王載灃也知清室已處於危險邊緣，但他覺得漢人中不少是希望實行君主立憲者，如果清廷同意的話，說不定可以緩和革命的氣氛，使清室能苟延殘喘下去，大權雖然減去，但總勝於讓出皇位。

溥儀這時候只是一位三歲小童，自然不可能有甚麼主意，名為宣統皇帝，實權卻是在其父載灃手上。

如果載灃真的一心一意去實行立憲，清室說不定仍可苟存一段時期。只是載灃始終對權位的慾望仍然很大。所以，他的希望是：名為立憲，緩和革命的氣氛，而大權卻仍在自己的手裏。在宣統元年二月，下諭宣示決行立憲，先後成立諮議局、資政院等，表面上努力於籌備憲政，但骨子裏又設法把握軍權，另編禁衛軍，自行統帥，又以胞弟載洵為海軍大臣，載濤為訓練大臣，實行三兄弟協同把握軍政大權。

至於召開國會，則在各省成立的諮議局和資政院一再請求之下，載灃就是一再拖延，在宣統二年時下詔定於宣統五年召開國會。但由於多省不滿這樣的延擱，在一再請願和質問下，結果載灃無法，終於宣統三年三月頒佈新內閣官制和宣佈新內閣人選。以奕劻為內閣總理大臣。

一代皇朝　至此終結

攝政王載灃所宣佈之新內閣人選，大部份為清室之皇族。至此，國人深知清室之推行君主立憲，不過是愚民的把戲而已，並無誠意！由是民憤更大。終於全國大革命在武昌爆發了。

宣統三年是革命浪潮最高峰的一年，而革命成功亦在此年。當年先有三月廿九日革命黨人黃興等在廣州起義，此役雖然失敗，但革命黨之壯烈犧牲，使到清廷對革命黨更為恐懼，革命聲威，震盪全國。是役革命黨死者七十二人，後來葬於番禺城北之黃花崗，號稱黃花崗七十二烈士。

接着同年八月十九日，就有武昌起義之舉。僅三日而取得武漢三鎮，消息傳到各省，民衆莫不歡欣鼓舞，而潛伏在各省之革命黨人，亦紛起活動。到九月，湖南、江西、江蘇、安徽、陝西、山西、浙江、福建、雲南、貴州、廣西、廣東、四川、新疆、甘肅等省先後宣佈獨立，而海軍各艦隊亦歸附民軍。清廷至此，知大勢已去，乃派遣袁世凱議和，孫中山先生由各省代表聯合會推舉為臨時大總統，組織臨時政府。隆裕太后與清帝溥儀於宣統三年十二月二十五日（陽曆一九一二年二月十二日）下詔退位，接受所議定之對清室的優待條件。

詔書長近四百字，大約的意思是：「大勢所趨，海內厭亂望治之心甚切，清帝為求海內安寧，不忍固一姓之尊榮，拂兆民之好惡。外觀大勢，內審輿情，將統治權公之全國，仍合滿漢蒙回藏五族完全領土，為一大中華民國。隆裕太后與皇帝得以退處寬閒，優游歲月，長受國民之優禮，親見郅治之告成，豈不懿歟？」

此項詔書頒佈後，有清一代二百六十八年的氣數至此終結。

由一六四四年順治入關，至一九一二年宣統退位，前後經歷十個皇帝，是為異族統治中國時間最長的一個皇朝。歷代興亡，莫不有數，帝王將相今何在！信焉！

附記

當日宣統皇帝溥儀遜位時，曾議定對清室之優待條件，要點包括有：清帝尊號仍存不廢，以待遇外國君主之禮相待；歲用四百萬元，由中華民國付給；暫居宮禁，日後移居頤和園；宮內侍衛及各項執事人員照常留用，惟不得再招閹人。

不得再招閹人就是說不能再招用新太監。而太監這類人物，除了舊有的外，中國從此就再沒有新的太監出現。而上述的各項條件，於今亦已無存。溥儀亦已去世了。太監是中國封建皇朝中一類悲慘的人物，是肉體與精神都遭到殘酷糟蹋的人。現今許多人都不明白為甚麼有人肯當太監和太監如何接受閹割手術的，有人甚至誤以為太監只是割去睪丸而已。

在封建時代的中國，在農村中確是有些人貧無立錐的，而當太監的人就多是出身於窮苦人家，童年時期就施行閹割手術，然後送進宮裏當太監。

當日的閹割手術，是把整個生殖器連睪丸一起割下來，然後在尿道上插一管子，以防肉芽長死了便以後連蹲下撒尿也撒不出來。生殖器割掉之後，又不能讓它很快的結疤，要經過三個月左右，讓它偎膿長肉，所以常要換藥，而每換一次藥，被閹割者都會痛得死去活來。同時，割掉了的生殖器也不是拋棄算了的，那個時候的人迷信於「完屍」，所以，在還不懂得使用防腐劑時，就只有用火來燒煆，使之不致腐臭和可以保留，到太監去世的時候，那個經火燒煆過的生殖器，就會被放在太監的棺內，也算是「完屍」，使他來生不致少了一件「東西」！

有清一代的覆亡，不少人認為慈禧太后要負上很大的責任，她掌權時間接近五十年，而晚清之腐化確是有目共睹之事。慈禧太后原為葉赫那拉氏，努爾哈赤時代，清兵滅葉赫，部長布揚古臨歿憤言：「吾子孫雖存一女子，亦必覆滿洲。」不料二百餘年後，布揚古之咒言，果又應驗，亦異數也！

結語

在中國歷史裏，歷朝歷代都逃不了盛衰興亡的過程，由盛而轉衰及能否中興，其中都有一定的氣數存焉！

清朝入關後，經過康熙、雍正、乾隆百多年的盛世後，一般人都認為乾隆是由盛而轉弱的一個關鍵年代，而事實，清朝自乾隆後，開始了外憂內患，氣數一直衰敗下去。

有史家認為清朝其實有一個關鍵時刻是可以有機會中興的，而我個人亦覺得有理。那就是道光年間，道光在選擇由哪個皇子繼承大統之時，一直猶豫在選擇當時四皇子奕詝，是為日後的咸豐帝，或選擇六皇子奕訢，是為日後之恭親王。

在本書《清室氣數錄》中，有一段寫出咸豐當年如何在侍讀學士杜受田之擺佈下，終於得到道光皇帝選擇當時是四皇子的他繼承大統，成為日後之咸豐帝。有人認為若道光當年選擇了六皇子奕訢，則情況可能有日本「明治維新」的局面出現，因奕訢除武功勝於咸豐外，而對外方面亦較咸豐熟悉形勢，所以後來與列強之和議多次由六皇子恭親王出任。

所以有人認為若恭親王得繼承大統，極有可能如日本當年「明治維新」，大力引進西方技術，進行工業化，發展教育等，使清朝不致一直腐敗下去，中興之希望便都寄在此！

同時六皇子恭親王若繼承大統，則清朝後期最低限度沒有慈禧太后之把權接近五十年，沒有咸豐就沒有慈禧太后，相繼亦沒有同治、光緒及宣統。

清朝是否能值此而中興，當然是為不知之數，但這個是清代有一點中興希望的關鍵時刻，卻是無庸置疑！

但歷代皇朝興亡氣數盛衰，似都有天意存焉！

附錄：
清室歷代皇帝及洪承疇、曾國藩、康有為等之星盤

清世祖（順治）星盤

<table>
<tr>
<td>祿存
天巫 孤辰
父母 丁巳 15-24</td>
<td>天機（忌）
▲擎羊 龍池 天貴 天才
福德 戊午 25-34</td>
<td>紫微 破軍
天鉞 天喜 大耗 破碎
田宅 己未 35-44</td>
<td>鳳閣 解神 天虛 天馬
（長生） 事業 庚申 45-54</td>
</tr>
<tr>
<td>太陽
▲恩光 台輔 左輔 天哭 陀羅
（小限） 命宮 丙辰 5-14</td>
<td colspan="2" rowspan="2">天盤 清世祖（順治）鴻造
1638 戊寅年正月三十日戌時
土五局
戊寅 乙卯 甲午 甲戌
命主：祿存
身主：天梁
紫微斗數
4 丙辰　14 丁巳　24 戊午　34 己未　44 庚申　54 辛酉　64 壬戌　74 癸亥</td>
<td>天府
地劫 天刑 三台
奴僕 辛酉 55-64</td>
</tr>
<tr>
<td>武曲 七殺
八座 咸池 天福 天官
兄弟 乙卯</td>
<td>太陰（權）
華蓋 右弼（科） 天月
遷移 壬戌 65-74</td>
</tr>
<tr>
<td>天同 天梁
天壽 文曲 陰殺
夫妻 甲寅</td>
<td>天相
▲鈴星 天魁 紅鸞 寡宿 天空 天姚 地空
子女 乙丑</td>
<td>巨門
文昌 封誥
財帛 甲子（身宮）</td>
<td>貪狼 廉貞（祿）
▲火星 天德 劫殺
疾厄 癸亥 75-84</td>
</tr>
</table>

清聖祖（康熙）星盤

天梁 文昌 天才 己巳 遷移 66-75	七殺 ▲ 地空 左輔 大耗 火星 庚午 疾厄 76-85	封誥 天官 天鉞 辛未 財帛 86-95	廉貞（祿） ▲ 右弼 孤辰 天馬 鈴星 壬申 子女
紫微 天相 鳳閣 解神 寡宿 天月 地劫 戊辰 奴僕 56-65	天盤 清聖祖（康熙）鴻造 1654 甲午年三月十八日巳時 火六局 命主：破軍 身主：火星 甲午 戊辰 戊申 丁巳 紫微斗數 1 己巳 11 庚午 21 辛未 31 壬申 41 癸酉 51 甲戌 61 乙亥 71 丙子 81 丁丑		恩光 文曲 天福 紅鸞 癸酉 夫妻（身宮）
巨門 天機 ▲ 擎羊 天喜 天德 咸池 天姚 八座 天壽 丁卯 事業 46-55			破軍（權） 陰殺 破碎 華蓋 龍池 甲戌 兄弟
祿存 貪狼 丙寅 田宅 36-45（長生）	太陰 太陽（忌） ▲ 天貴 天魁 陀羅 丁丑 福德 26-35	天府 武曲（科） 天空 天虛 天哭 丙子 父母 16-25	天同 三台 台輔 天巫 天刑 劫殺 乙亥 命宮 6-15

清世宗（雍正）星盤

<table>
<tr>
<td>祿存 天府
▲鈴星
丁巳 財帛 83-92</td>
<td>太陰（權） 天同
▲三台 文曲 天月 天刑 擎羊
戊午 子女</td>
<td>貪狼（祿） 武曲
天壽 天鉞 破碎
己未 夫妻</td>
<td>巨門 太陽
八座 文昌 台輔 陰殺 天巫 天馬 孤辰
庚申 兄弟</td>
</tr>
<tr>
<td>
▲陀羅 鳳閣 解神 寡宿 封誥
丙辰 疾厄 （小限） 73-82</td>
<td colspan="2" rowspan="2">天盤 清世宗（雍正）
1678 戊午年十月三十日寅時
木三局
命主：破軍
身主：火星
戊午 甲子 丁酉 壬寅
8 乙丑 18 丙寅 28 丁卯 38 戊辰 48 己巳 58 庚午 68 辛未 78 壬申
紫微斗數</td>
<td>天相
地空 紅鸞 天空
辛酉 命宮 3-12</td>
</tr>
<tr>
<td>破軍 廉貞
▲火星 大耗 天官 天福 天喜 天德 咸池 天才
乙卯 遷移 63-72</td>
<td>天梁 天機（忌）
天貴 天姚 華蓋 龍池
壬戌 父母 13-22</td>
</tr>
<tr>
<td>

甲寅 奴僕 53-62</td>
<td>
地劫 右弼 左輔（科） 天魁
（身宮） 乙丑 事業 43-52</td>
<td>
恩光 天虛 天哭
甲子 田宅 33-42</td>
<td>七殺 紫微
劫殺
癸亥 福德 （長生） 23-32</td>
</tr>
</table>

清高宗（乾隆）星盤

<table>
<tr>
<td>天府
破碎 天馬 孤辰 天福
財帛 癸巳 46-55</td>
<td>天同 太陰
天魁 天喜 台輔
子女 甲午 36-45</td>
<td>武曲 貪狼
龍池 鳳閣 解神 華蓋 天月
夫妻 己未 26-35</td>
<td>太陽（權） 巨門（祿）
▲陀羅 劫殺 大耗 天姚
兄弟 丙申 16-25</td>
</tr>
<tr>
<td>天空 天刑 文曲（科）
疾厄 壬辰 56-65</td>
<td colspan="2" rowspan="2">天盤 清高宗（乾隆）鴻造
1711
辛卯年八月十三日子時
火六局
命主：文曲
身主：天同
紫微斗數
辛卯 丁酉 庚午 丙子
6 丙申 16 乙未 26 甲午 36 癸巳 46 壬辰 56 辛卯 66 庚寅 76 己丑 86 戊子</td>
<td>天相 祿存
▲火星 天官 天虛 恩光
命宮 丁酉（身宮） 6-15</td>
</tr>
<tr>
<td>廉貞 破軍
天貴 八座 右弼 天哭
遷移 辛卯 66-75</td>
<td>天機 天梁
▲擎羊 ▲鈴星 文昌（忌）
父母 戊戌</td>
</tr>
<tr>
<td>封誥 天巫 天鉞
（長生） 奴僕 庚寅 76-85</td>
<td>寡宿
事業 辛丑 86-95</td>
<td>紅鸞 天德 咸池 陰殺 天才 天壽
田宅 庚子</td>
<td>紫微 七殺
左輔 地空 地劫 三台
福德 己亥</td>
</tr>
</table>

清仁宗（嘉慶）星盤

<table>
<tr>
<td>天喜 孤辰 劫殺 文曲
辛巳 疾厄
75-84</td>
<td>天機
三台 天月 天刑 解神 鳳閣 天福 天空
壬午 財帛
85-94</td>
<td>破軍 紫微
▲ 台輔 天鉞 陀羅
癸未 子女</td>
<td>祿存
八座 陰殺 天巫 龍池
甲申 夫妻
（長生）</td>
</tr>
<tr>
<td>太陽（祿）
華蓋 天壽
庚辰 遷移
65-74</td>
<td colspan="2" rowspan="2">天盤 清仁宗（嘉慶）
1760
庚辰年十月初六日丑時
土五局
命主：廉貞
身主：文昌
紫微斗數
庚辰 丁亥 丁丑 辛丑
8 戊子 18 己丑 28 庚寅 38 辛卯 48 壬辰 58 癸巳 68 甲午 78 乙未</td>
<td>天府
▲ 天貴 文昌 咸池 擎羊
乙酉 兄弟</td>
</tr>
<tr>
<td>七殺 武曲（權）
▲ 火星 封誥
己卯 奴僕
55-64</td>
<td>太陰（科）
地空 天姚 天虛
丙戌 命宮
（小限）
5-14</td>
</tr>
<tr>
<td>天梁 天同（忌）
破碎 天哭 天馬 天才
戊寅 事業
45-54</td>
<td>天相
恩光 右弼 左輔 寡宿 天德 天魁
己丑 田宅
35-44</td>
<td>巨門
地劫 大耗
戊子 福德
（身宮）
25-34</td>
<td>貪狼 廉貞
▲ 紅鸞 天官 鈴星
丁亥 父母
15-24</td>
</tr>
</table>

清宣宗（道光）星盤

<table>
<tr>
<td>七殺 紫微（權）
▲鈴星 天空 天鉞 孤辰
乙巳 夫妻</td>
<td>三台 文曲 龍池 天福
丙午 兄弟</td>
<td>天月 天喜
丁未 命宮 2-11</td>
<td>八座 台輔 文昌 天姚 天馬 天虛 解神 鳳閣
（長生） 戊申 父母 12-21</td>
</tr>
<tr>
<td>天梁（祿） 天機
天哭 天刑 封誥
（小限） 甲辰 子女</td>
<td colspan="2" rowspan="2">天盤 清宣宗（道光）
1782
壬寅年八月初八日寅時
水二局
命主：祿存
身主：天梁
壬寅 己酉 壬申 壬寅
8 庚戌　18 辛亥　28 壬子　38 癸丑　48 甲寅　58 乙卯　68 丙辰　78 丁巳
紫微斗數</td>
<td>破軍 廉貞
天才 地空
己酉 福德 22-31</td>
</tr>
<tr>
<td>天相
▲火星 天魁 咸池 右弼
癸卯 財帛 82-91</td>
<td>▲華蓋 天官 陀羅
庚戌 田宅 32-41</td>
</tr>
<tr>
<td>巨門 太陽
天巫 恩光
壬寅 疾厄 72-81</td>
<td>貪狼（忌） 武曲
天壽 地劫 寡宿 紅鸞
癸丑 遷移 62-71</td>
<td>天同 太陰
▲天貴 陰殺 擎羊
壬子 奴僕 52-61</td>
<td>天府 祿存
左輔（科） 劫殺 天德 大耗 破碎
辛亥 事業（身宮） 42-51</td>
</tr>
</table>

清文宗（咸豐）星盤

<table>
<tr>
<td>貪狼 廉貞
天空 天福 文曲（科） 孤辰 天馬 右弼 三台
兄弟 癸巳 （長生）
14-23</td>
<td>巨門（祿）
天姚 天喜 天魁 破碎
命宮 甲午
4-13</td>
<td>天相
台輔 華蓋 解神 鳳閣 龍池
父母 乙未</td>
<td>天梁 天同
天巫 劫殺 ▲陀羅
福德 丙申（身宮）</td>
</tr>
<tr>
<td>太陰
陰殺 恩光
夫妻 壬辰
24-33</td>
<td colspan="2" rowspan="2">天盤 清文宗（咸豐）
1831
辛卯年六月初九日丑時
金四局
命主：文曲
身主：天同
辛卯 乙未 己丑 己丑
紫微斗數
3 甲午　13 癸巳　23 壬辰　33 辛卯　43 庚寅　53 己丑　63 戊子　73 丁亥</td>
<td>七殺 武曲 祿存
天才 八座 左輔 天虛 文昌（忌） 天官 大耗
田宅 丁酉</td>
</tr>
<tr>
<td>天府
天哭 天月 封誥
子女 辛卯
34-43</td>
<td>太陽（權）
地空 ▲火星 ▲擎羊
事業 戊戌
84-93</td>
</tr>
<tr>
<td>天鉞 天刑
財帛 庚寅
44-53</td>
<td>破軍 紫微
寡宿
疾厄 辛丑
54-63</td>
<td>天機
天貴 地劫 咸池 天德 紅鸞
遷移 庚子
64-73</td>
<td>天壽 ▲鈴星
奴僕 己亥
74-83</td>
</tr>
</table>

清穆宗（同治）星盤

<table>
<tr>
<td>天梁 祿存
劫殺 孤辰 天喜 天官 鈴星▲
財帛 癸巳 86-95</td>
<td>七殺
▲擎羊 鳳閣 解神 大耗 左輔 地劫
子女 甲午</td>
<td>夫妻 乙未</td>
<td>廉貞（忌）
龍池 破碎 右弼 天貴
兄弟 丙申</td>
</tr>
<tr>
<td>紫微 天相
三台 地空 天月 華蓋 陀羅▲
疾厄 壬辰 76-85</td>
<td colspan="2" rowspan="2">天盤 清穆宗（同治）
1856
丙辰年三月廿三日未時
火六局
命主：廉貞
身主：文昌
丙辰 壬辰 庚辰 辛未
3 癸巳　13 甲午　23 乙未　33 丙申　43 丁酉　53 戊戌
紫微斗數</td>
<td>▲火星 天鉞 咸池 封誥
命宮 丁酉 6-15</td>
</tr>
<tr>
<td>天機（權） 巨門
天壽 天姚 文昌（科）
遷移 辛卯 66-75</td>
<td>破軍
天虛 陰殺 八座
（小限） 父母 戊戌 小 16-25</td>
</tr>
<tr>
<td>貪狼
天馬 天哭
（長生） 奴僕 庚寅 56-65</td>
<td>太陽 太陰
天德 寡宿 台輔 天才
事業 辛丑 46-55</td>
<td>武曲 天府
天福 天空 恩光
田宅 庚子 36-45</td>
<td>天同（祿） 文曲
天魁 紅鸞 天刑 天巫
福德 己亥 （身宮） 26-35</td>
</tr>
</table>

清德宗（光緒）星盤

<table>
<tr>
<td>天相
天福 天馬 右弼
癸巳 命宮
2-11</td>
<td>天梁
文曲(科) 天姚 天魁
甲午 父母</td>
<td>七殺 廉貞
華蓋
乙未 福德</td>
<td>天貴 文昌(忌) 台輔 天巫 劫殺 孤辰 紅鸞 ▲陀羅
丙申 田宅 (長生)</td>
</tr>
<tr>
<td>巨門(祿)
天德 寡宿 陰殺 封誥 天壽
壬辰 兄弟
12-21</td>
<td colspan="2" rowspan="2">天盤 清德宗（光緒）
1871
辛未年六月廿八日寅時
水二局
命主：武曲
身主：天相
辛未 丙申 丁亥 壬寅
2 乙未　12 甲午　22 癸巳　32 壬辰　42 辛卯　52 庚寅
紫微斗數</td>
<td>祿存
地空 左輔 天官
丁酉 事業 (身宮)
82-91</td>
</tr>
<tr>
<td>貪狼 紫微
鳳閣 解神 破碎 天月
辛卯 夫妻
22-31</td>
<td>天同
▲恩光 天空 擎羊
戊戌 奴僕
72-81</td>
</tr>
<tr>
<td>太陰 天機
天鉞 天喜 大耗 天刑 八座
庚寅 子女
32-41</td>
<td>天府
地劫 天虛
辛丑 財帛 (小限)
42-51</td>
<td>太陽(權)
天才 三台 咸池 ▲鈴星
庚子 疾厄
52-61</td>
<td>破軍 武曲
天哭 龍池 ▲火星
己亥 遷移
62-71</td>
</tr>
</table>

清廢帝（宣統）星盤

<table>
<tr>
<td>祿存 太陽
天官 天巫 地空 地劫 三台
癸巳 子女</td>
<td>破軍
▲擎羊
甲午 夫妻</td>
<td>天機（權）
▲大耗 火星
乙未 兄弟</td>
<td>天府 紫微
封誥 天馬 孤辰
（身宮）丙申 命宮 6-15</td>
</tr>
<tr>
<td>武曲
▲陀羅 鳳閣 解神 寡宿 左輔 文昌（科） 恩光
壬辰 財帛 86-95</td>
<td colspan="2" rowspan="2">天盤 清廢帝（宣統）
1906 丙午年正月十四日午時
火六局
命主：破軍
身主：火星
丙午 庚寅 壬午 丙午
9 辛卯　19 壬辰　29 癸巳　39 甲午　49 乙未　59 丙申　69 丁酉
紫微斗數</td>
<td>太陰
▲八座 天刑 紅鸞 天鉞 鈴星
丁酉 父母 16-25</td>
</tr>
<tr>
<td>天同（祿）
天喜 天德 咸池
辛卯 疾厄 76-85</td>
<td>貪狼
天貴 文曲 天月 右弼 華蓋 龍池
戊戌 福德 26-35</td>
</tr>
<tr>
<td>七殺
陰殺 天才 天壽
庚寅 遷移 66-75</td>
<td>天梁
天姚 天空
辛丑 奴僕 56-65</td>
<td>天相 廉貞（忌）
台輔 天虛 天哭 天福
庚子 事業 46-55</td>
<td>巨門
劫殺 破碎 天魁
己亥 田宅 36-45</td>
</tr>
</table>

洪承疇星盤

破軍（祿）武曲 天鉞 天福 鳳閣 解神 天刑 天巫 八座 天才 丁巳 奴僕 74-83	太陽 咸池 天官 戊午 遷移 64-73	天府 破碎 己未 疾厄（小限） 54-63	太陰（科）天機 恩光 大耗 孤辰 ▲鈴星 庚申 財帛（身宮） 44-53
天同 天喜 寡宿 天空 台輔 丙辰 事業 84-93	天盤 洪承疇 1593 癸巳年九月廿二日戌時 金四局 命主：武曲 身主：天機	紫微斗數 癸巳 壬戌 癸酉 壬戌 73 甲寅 63 乙卯 53 丙辰 43 丁巳 33 戊午 23 己未 13 庚申 3 辛酉	貪狼（忌）紫微 三台 地劫 天姚 龍池 辛酉 子女 34-43
天魁 乙卯 田宅			巨門（權） 天貴 陰殺 紅鸞 壬戌 夫妻 24-33
天德 劫殺 右弼 天月 文曲 甲寅 福德	七殺 廉貞 ▲擎羊 ▲火星 天壽 地空 華蓋 天哭 乙丑 父母	祿存 天梁 封誥 文昌 左輔 甲子 命宮 4-13	天相 天馬 天虛 ▲陀羅 癸亥 兄弟 14-23

曾國藩星盤

<table>
<tr>
<td>太陽(權)
天福 天馬 台輔 天壽
癸巳 奴僕 75-84</td>
<td>破軍
天月 天刑 天魁
甲午 遷移 65-74</td>
<td>天機
天才 天空 華蓋
乙未 疾厄 55-64</td>
<td>天府 紫微
恩光 陰煞 天巫 劫殺 孤辰 紅鸞 ▲火星 ▲陀羅
(長生) 丙申 財帛 45-54</td>
</tr>
<tr>
<td>武曲
天德 寡宿
壬辰 事業 85-94</td>
<td colspan="2" rowspan="2">天盤 曾國藩
1811
辛未年十月十一日亥時
土五局
命主：武曲
身主：天相
辛未 己亥 丙辰 己亥
紫微斗數
76 辛卯 66 壬辰 56 癸巳 46 甲午 36 乙未 26 丙申 16 丁酉 6 戊戌</td>
<td>祿存 太陰
天官 ▲鈴星
丁酉 子女 35-44</td>
</tr>
<tr>
<td>天同
文曲(科) 鳳閣 解神 八座
辛卯 田宅</td>
<td>貪狼
天姚 地劫 ▲擎羊
(身宮) 戊戌 夫妻 25-34</td>
</tr>
<tr>
<td>七殺
天鉞 天喜
庚寅 福德</td>
<td>天梁
封誥 天虛 右弼 左輔
(小限) 辛丑 父母</td>
<td>天相 廉貞
天貴 破碎 咸池 地空
庚子 命宮 5-14</td>
<td>巨門(祿)
三台 大耗 天哭 龍池 文昌(忌)
己亥 兄弟 15-24</td>
</tr>
</table>

康有為星盤

<table>
<tr>
<td>祿存 天梁
天月 破碎
丁巳 福德 22-31</td>
<td>七殺
左輔 ▲擎羊
戊午 田宅 32-41</td>
<td>天鉞 天空
己未 事業 42-51</td>
<td>廉貞
天貴 天巫 右弼（科） 孤辰 天馬
庚申 奴僕 （長生） 52-61</td>
</tr>
<tr>
<td>天相 紫微
▲陀羅 鳳閣 寡宿 文曲 解神
丙辰 父母 （小限） 12-21</td>
<td colspan="2" rowspan="2">天盤 康有為
1858
戊午年二月初六日子時
水二局
命主：破軍
身主：火星
戊午 乙卯 壬子 庚子
紫微斗數
5 丙辰　15 丁巳　25 戊午　35 己未　45 庚申　55 辛酉　65 壬戌　75 癸亥</td>
<td>天壽 天才 紅鸞
辛酉 遷移 62-71</td>
</tr>
<tr>
<td>巨門 天機（忌）
▲鈴星 天喜 八座 天德 咸池 天官 天福
乙卯 命宮 （身宮） 2-11</td>
<td>破軍
華蓋 文昌 天刑 龍池
壬戌 疾厄 72-81</td>
</tr>
<tr>
<td>貪狼（祿）
天姚 恩光
甲寅 兄弟</td>
<td>太陰（權） 太陽
天魁 大耗 ▲火星
乙丑 夫妻</td>
<td>天府 武曲
天虛 天哭 陰殺
甲子 子女</td>
<td>天同
劫殺 三台 地劫 地空
癸亥 財帛 82-91</td>
</tr>
</table>

重新修訂後記

紫微斗數之精髓在於「四化」，但偏偏它存在着幾個不同的派別。而在各派不同之中，卻非在極其關鍵性而使人易於分辨者。

本來，化忌是最易分辨者，但同樣在台灣有一派是天同星不化忌者，遇到庚年的時候就是太陰化忌。太陰既在乙年化忌，而庚年又化忌，則在每十年中，就有兩次化忌的機會。

同樣亦有一派是天府星化科者，但一般的紫微斗數派別是天府星不參予四化者。

同樣戊年的時候，有人用的「四化」是：貪狼化祿、太陰化權、太陽化科、天機化忌。我早年亦曾用過這「四化」，但經過多年的實踐和考證，現在我卻覺得還是把「太陽化科」改為「右弼化科」才對，微驗性更高。

所以，在此書重新修訂時，我就把「四化」一一改正過來。「四化」的口訣以「祿、權、科、忌」順序排列。以下就是我認為正確的口訣，附印出來給喜歡研究紫微斗數的讀者參考：

甲：廉破武陽
乙：機梁紫月
丙：同機昌廉
丁：月同機巨
戊：貪月弼機
己：武貪梁曲
庚：陽武陰同
辛：巨陽曲昌
壬：梁紫輔武
癸：破巨月貪

紫微楊 謹識
丙戌年初夏春